AF567236

Friedrich Schiller

»Ihr habt mir das Herz bezwungen«

Balladen und Gedichte

Herausgegeben von Paula Schmid
Mit Illustrationen von Antje Damm

Insel Verlag

Insel-Bücherei Nr. 1541

»Ihr habt mir das Herz bezwungen«

Balladen und Gedichte

Der Ring des Polykrates

Er stand auf seines Daches Zinnen,
Er schaute mit vergnügten Sinnen
Auf das beherrschte Samos hin.
Dies alles ist mir untertänig,
Begann er zu Egyptens König,
Gestehe, daß ich glücklich bin.

Du hast der Götter Gunst erfahren!
Die vormals deines Gleichen waren,
Sie zwingt jetzt deines Szepters Macht.
Doch einer lebt noch, sie zu rächen,
Dich kann mein Mund nicht glücklich sprechen,
So lang des Feindes Auge wacht.

Und eh' der König noch geendet,
Da stellt sich, von Milet gesendet,

Ein Bote dem Tyrannen dar:
Laß Herr! des Opfers Düfte steigen,
Und mit des Lorbeers muntern Zweigen
Bekränze dir dein festlich Haar.

Getroffen sank dein Feind vom Speere,
Mich sendet mit der frohen Märe,
Dein treuer Feldherr Polydor –
Und nimmt aus einem schwarzen Becken
Noch blutig, zu der Beiden Schrecken,
Ein wohlbekanntes Haupt hervor.

Der König tritt zurück mit Grauen:
»Doch warn' ich dich, dem Glück zu trauen,
Versetzt er mit besorgtem Blick.
Bedenk', auf ungetreuen Wellen,
Wie leicht kann sie der Sturm zerschellen,
Schwimmt deiner Flotte zweifelnd Glück.«

Und eh' er noch das Wort gesprochen,
Hat ihn der Jubel unterbrochen,
Der von der Reede jauchzend schallt.
Mit fremden Schätzen reich beladen
Kehrt zu den heimischen Gestaden
Der Schiffe mastenreicher Wald.

Der königliche Gast erstaunet:
Dein Glück ist heute gut gelaunet,
Doch fürchte seinen Unbestand.

Der Kreter waffenkund'ge Scharen
Bedräuen dich mit Kriegsgefahren,
Schon nahe sind sie diesem Strand.

Und eh' ihm noch das Wort entfallen,
Da sieht man's von den Schiffen wallen,
Und tausend Stimmen rufen: Sieg!
Von Feindesnot sind wir befreiet,
Die Kreter hat der Sturm zerstreuet,
Vorbei, geendet ist der Krieg.

Das hört der Gastfreund mit Entsetzen:
»Fürwahr, ich muß dich glücklich schätzen,
Doch, spricht er, zittr' ich für dein Heil.
Mir grauet vor der Götter Neide,
Des Lebens ungemischte Freude
Ward keinem Irdischen zu Teil.

Auch mir ist alles wohl geraten,
Bei allen meinen Herrschertaten
Begleitet mich des Himmels Huld,
Doch hatt' ich einen teuren Erben,
Den nahm mir Gott, ich sah ihn sterben,
Dem Glück bezahlt' ich meine Schuld.

Drum, willst du dich vor Leid bewahren,
So flehe zu den Unsichtbaren,
Daß sie zum Glück den Schmerz verleihn.
Noch keinen sah ich fröhlich enden,

Auf den mit immer vollen Händen
Die Götter ihre Gaben streun.

Und wenn's die Götter nicht gewähren,
So acht' auf eines Freundes Lehren
Und rufe selbst das Unglück her,
Und was von allen deinen Schätzen
Dein Herz am höchsten mag ergötzen,
Das nimm und wirf's in dieses Meer.«

Und jener spricht, von Furcht beweget:
»Von allem was die Insel heget,
Ist dieser Ring mein höchstes Gut.
Ihn will ich den Erinnen weihen,
Ob sie mein Glück mir dann verzeihen.«
Und wirft das Kleinod in die Flut.

Und bei des nächsten Morgens Lichte
Da tritt mit fröhlichem Gesichte
Ein Fischer vor den Fürsten hin:
Herr, diesen Fisch hab' ich gefangen,
Wie keiner noch ins Netz gegangen,
Dir zum Geschenke bring' ich ihn.

Und als der Koch den Fisch zerteilet,
Kommt er bestürzt herbeigeeilet,
Und ruft mit hoch erstauntem Blick:
»Sieh Herr, den Ring, den du getragen,

Ihn fand ich in des Fisches Magen,
O ohne Grenzen ist dein Glück!«

Hier wendet sich der Gast mit Grausen:
»So kann ich hier nicht ferner hausen,
Mein Freund kannst du nicht weiter sein.
Die Götter wollen dein Verderben,
Fort eil' ich, nicht mit dir zu sterben.«
Und sprach's und schiffte schnell sich ein.

Das Mädchen aus der Fremde

In einem Tal bei armen Hirten
Erschien mit jedem jungen Jahr,
Sobald die ersten Lerchen schwirrten,
Ein Mädchen, schön und wunderbar.

Sie war nicht in dem Tal geboren,
Man wußte nicht, woher sie kam,
Doch schnell war ihre Spur verloren,
Sobald das Mädchen Abschied nahm.

Beseligend war ihre Nähe,
Und alle Herzen wurden weit,
Doch eine Würde, eine Höhe
Entfernte die Vertraulichkeit.

Sie brachte Blumen mit und Früchte,
Gereift auf einer andern Flur,
In einem andern Sonnenlichte,
In einer glücklichern Natur.

Und teilte jedem eine Gabe,
Dem Früchte, *jenem* Blumen aus,
Der Jüngling und der Greis am Stabe,
Ein jeder ging beschenkt nach Haus.

Willkommen waren alle Gäste,
Doch nahte sich ein liebend Paar,
Dem reichte sie der Gaben beste,
Der Blumen allerschönste dar.

Der Taucher

Wer wagt es, Rittersmann oder Knapp,
Zu tauchen in diesen Schlund?
Einen goldnen Becher werf ich hinab,
Verschlungen schon hat ihn der schwarze Mund.
Wer mir den Becher kann wieder zeigen,
Er mag ihn behalten, er ist sein eigen.

Der König spricht es und wirft von der Höh
Der Klippe, die schroff und steil
Hinaushängt in die unendliche See,
Den Becher in der Charybde Geheul.
Wer ist der Beherzte, ich frage wieder,
Zu tauchen in diese Tiefe nieder?

Und die Ritter, die Knappen um ihn her,
Vernehmen's und schweigen still,
Sehen hinab in das wilde Meer,
Und keiner den Becher gewinnen will.
Und der König zum drittenmal wieder fraget:
Ist keiner, der sich hinunter waget?

Doch alles noch stumm bleibt wie zuvor,
Und ein Edelknecht, sanft und keck,

Tritt aus der Knappen zagendem Chor,
Und den Gürtel wirft er, den Mantel weg,
Und alle die Männer umher und Frauen
Auf den herrlichen Jüngling verwundert schauen.

Und wie er tritt an des Felsen Hang,
Und blickt in den Schlund hinab,
Die Wasser, die sie hinunter schlang,
Die Charybde jetzt brüllend wiedergab,
Und wie mit des fernen Donners Getose
Entstürzen sie schäumend dem finstern Schoße.

Und es wallet und siedet und brauset und zischt,
Wie wenn Wasser mit Feuer sich mengt,
Bis zum Himmel sprützet der dampfende Gischt,
Und Flut auf Flut sich ohn' Ende drängt,
Und will sich nimmer erschöpfen und leeren,
Als wollte das Meer noch ein Meer gebären,

Doch endlich, da legt sich die wilde Gewalt,
Und schwarz aus dem weißen Schaum
Klafft hinunter ein gähnender Spalt,
Grundlos als ging's in den Höllenraum,
Und reißend sieht man die brandenden Wogen
Hinab in den strudelnden Trichter gezogen.

Jetzt schnell, eh' die Brandung wiederkehrt,
Der Jüngling sich Gott befiehlt,

Und – ein Schrei des Entsetzens wird rings gehört,
Und schon hat ihn der Wirbel hinweggespült;
Und geheimnisvoll über dem kühnen Schwimmer
Schließt sich der Rachen, er zeigt sich nimmer.

Und stille wird's über dem Wasserschlund,
In der Tiefe nur brauset es hohl,
Und bebend hört man von Mund zu Mund:
Hochherziger Jüngling, fahre wohl!
Und hohler und hohler hört man's heulen,
Und es harrt noch mit bangem, mit schrecklichem Weilen.

Und wärfst du die Krone selber hinein,
Und sprächst: wer mir bringet die Kron,
Er soll sie tragen und König sein,
Mich gelüstete nicht nach dem teuren Lohn.
Was die heulende Tiefe da unten verhehle,
Das erzählt keine lebende glückliche Seele.

Wohl manches Fahrzeug, vom Strudel gefaßt,
Schoß gäh in die Tiefe hinab,
Doch zerschmettert nur rangen sich Kiel und Mast
Hervor aus dem alles verschlingenden Grab –
Und heller und heller wie Sturmes Sausen
Hört man's näher und immer näher brausen.

Und es wallet und siedet und brauset und zischt,
Wie wenn Wasser mit Feuer sich mengt,

Bis zum Himmel sprützet der dampfende Gischt,
Und Well' auf Well' sich ohn' Ende drängt,
Und wie mit des fernen Donners Getose
Entstürzt es brüllend dem finstern Schoße.

Und sieh! aus dem finster flutenden Schoß
Da hebet sich's schwanenweiß,
Und ein Arm und ein glänzender Nacken wird bloß
Und es rudert mit Kraft und mit emsigem Fleiß,
Und er ist's, und hoch in seiner Linken
Schwingt er den Becher mit freudigem Winken.

Und atmete lang und atmete tief,
Und begrüßte das himmlische Licht.
Mit Frohlocken es einer dem andern rief,
Er lebt! Er ist da! Es behielt ihn nicht.
Aus dem Grab, aus der strudelnden Wasserhöhle
Hat der Brave gerettet die lebende Seele.

Und er kommt, es umringt ihn die jubelnde Schar,
Zu des Königs Füßen er sinkt,
Den Becher reicht er ihm knieend dar,
Und der König der lieblichen Tochter winkt,
Die füllt ihn mit funkelndem Wein bis zum Rande,
Und der Jüngling sich also zum König wandte:

Lang lebe der König! Es freue sich,
Wer da atmet im rosigten Licht!

Da unten aber ist's fürchterlich,
Und der Mensch versuche die Götter nicht,
Und begehre nimmer und nimmer zu schauen,
Was sie gnädig bedecken mit Nacht und Grauen.

Es riß mich hinunter blitzesschnell,
Da stürzt' mir aus felsigtem Schacht,
Wildflutend entgegen ein reißender Quell,
Mich packte des Doppelstrom's wütende Macht,
Und wie einen Kreisel mit schwindelndem Drehen
Trieb mich's um, ich konnte nicht widerstehen.

Da zeigte mir Gott, zu dem ich rief,
In der höchsten schrecklichen Not,
Aus der Tiefe ragend ein Felsenriff,
Das erfaßt' ich behend und entrann dem Tod,
Und da hing auch der Becher an spitzen Korallen,
Sonst wär' er ins Bodenlose gefallen.

Denn unter mir lag's noch, Bergetief,
In purpurner Finsternis da,
Und ob's hier dem Ohre gleich ewig schlief,
Das Auge mit Schaudern hinunter sah,
Wie's von Salamandern und Molchen und Drachen
Sich regt' in dem furchtbaren Höllenrachen.

Schwarz wimmelten da, in grausem Gemisch,
Zu scheußlichen Klumpen geballt,

Der stachlichte Roche, der Klippenfisch,
Des Hammers greuliche Ungestalt,
Und dräuend wies mir die grimmigen Zähne
Der entsetzliche Hai, des Meeres Hyäne.

Und da hing ich und war's mir mit Grausen bewußt,
Von der menschlichen Hülfe so weit,
Unter Larven die einzige fühlende Brust,
Allein in der gräßlichen Einsamkeit,
Tief unter dem Schall der menschlichen Rede
Bei den Ungeheuern der traurigen Öde.

Und schaudernd dacht ich's, da kroch's heran,
Regte hundert Gelenke zugleich,
Will schnappen nach mir, in des Schreckens Wahn
Laß ich los der Koralle umklammerten Zweig,
Gleich faßt mich der Strudel mit rasendem Toben,
Doch es war mir zum Heil, er riß mich nach oben.

Der König darob sich verwundert schier,
Und spricht: Der Becher ist dein,
Und diesen Ring noch bestimm' ich dir,
Geschmückt mit dem köstlichsten Edelgestein,
Versuchst du's noch einmal und bringst mir Kunde,
Was du sahst auf des Meer's tief unterstem Grunde?

Das hörte die Tochter mit weichem Gefühl,
Und mit schmeichelndem Munde sie fleht:

Laßt Vater genug sein das grausame Spiel,
Er hat euch bestanden, was keiner besteht,
Und könnt ihr des Herzens Gelüsten nicht zähmen,
So mögen die Ritter den Knappen beschämen.

Drauf der König greift nach dem Becher schnell,
In den Strudel ihn schleudert hinein,
Und schaffst du den Becher mir wieder zur Stell,
So sollst du der trefflichste Ritter mir sein,
Und sollst sie als Ehgemahl heut noch umarmen,
Die jetzt für dich bittet mit zartem Erbarmen.

Da ergreift's ihm die Seele mit Himmelsgewalt,
Und es blitzt aus den Augen ihm kühn,
Und er siehet erröten die schöne Gestalt,
Und sieht sie erbleichen und sinken hin,
Da treibt's ihn, den köstlichen Preis zu erwerben,
Und stürzt hinunter auf Leben und Sterben.

Wohl hört man die Brandung, wohl kehrt sie zurück,
Sie verkündigt der donnernde Schall,
Da bückt sich's hinunter mit liebendem Blick,
Es kommen, es kommen die Wasser all,
Sie rauschen herauf, sie rauschen nieder,
Den Jüngling bringt keines wieder.

Der Handschuh

Vor seinem Löwengarten,
Das Kampfspiel zu erwarten,
Saß König Franz,
Und um ihn die Großen der Krone,
Und rings auf hohem Balkone
Die Damen in schönem Kranz.

Und wie er winkt mit dem Finger,
Auftut sich der weite Zwinger,
Und hinein mit bedächtigem Schritt
Ein Löwe tritt,
Und sieht sich stumm
Rings um,
Mit langem Gähnen,
Und schüttelt die Mähnen,
Und streckt die Glieder,
Und legt sich nieder.

Und der König winkt wieder,
Da öffnet sich behend,
Ein zweites Tor,
Daraus rennt
Mit wildem Sprunge
Ein Tiger hervor,

Wie der den Löwen erschaut,
Brüllt er laut,
Schlägt mit dem Schweif
Einen furchtbaren Reif,
Und recket die Zunge,
Und im Kreise scheu
Umgeht er den Leu
Grimmig schnurrend,
Drauf streckt er sich murrend
Zur Seite nieder.

Und der König winkt wieder,
Da speit das doppelt geöffnete Haus
Zwei Leoparden auf einmal aus,
Die stürzen mit mutiger Kampfbegier
Auf das Tigertier,
Das packt sie mit seinen grimmigen Tatzen,
Und der Leu mit Gebrüll
Richtet sich auf, da wird's still,
Und herum im Kreis,
Von Mordsucht heiß,
Lagern sich die greulichen Katzen.

Da fällt von des Altans Rand
Ein Handschuh von schöner Hand
Zwischen den Tiger und den Leu'n
Mitten hinein.

Und zu Ritter Delorges spottender Weis'
Wendet sich Fräulein Kunigund:
»Herr Ritter, ist eure Lieb' so heiß
Wie ihr mir's schwört zu jeder Stund,
Ei so hebt mir den Handschuh auf.«

Und der Ritter in schnellem Lauf
 Steigt hinab in den furchtbar'n Zwinger
 Mit festem Schritte,
 Und aus der Ungeheuer Mitte
 Nimmt er den Handschuh mit keckem Finger.

Und mit Erstaunen und mit Grauen
Sehens die Ritter und Edelfrauen,
Und gelassen bringt er den Handschuh, zurück,
Da schallt ihm sein Lob aus jedem Munde,
Aber mit zärtlichem Liebesblick –
Er verheißt ihm sein nahes Glück –
Empfängt ihn Fräulein Kunigunde.

Und er wirft ihr den Handschuh ins Gesicht:
»Den Dank, Dame, begehr' ich nicht,«
 Und verläßt sie zur selben Stunde.

Hoffnung

Es reden und träumen die Menschen viel
Von bessern künftigen Tagen,
Nach einem glücklichen goldenen Ziel
Sieht man sie rennen und jagen,
Die Welt wird alt und wird wieder jung,
Doch der Mensch hofft immer Verbesserung!

Die Hoffnung führt ihn ins Leben ein,
Sie umflattert den fröhlichen Knaben,
Den Jüngling begeistert ihr Zauberschein,
Sie wird mit dem Greis nicht begraben,
Denn beschließt er im Grabe den müden Lauf,
Noch am Grabe pflanzt er – die Hoffnung auf.

Es ist kein leerer schmeichelnder Wahn,
Erzeugt im Gehirne des Toren.
Im Herzen kündet es laut sich an,
Zu was besserm sind wir geboren,
Und was die innere Stimme spricht,
Das täuscht die hoffende Seele nicht.

Ritter Toggenburg

»Ritter, treue Schwesterliebe
　Widmet euch dies Herz,
Fodert keine andre Liebe,
　Denn es macht mir Schmerz.
Ruhig mag ich euch erscheinen,
　Ruhig gehen sehn.
Eurer Augen stilles Weinen
　Kann ich nicht verstehn.«

Und er hörts mit stummem Harme,
　Reißt sich blutend los,
Preßt sie heftig in die Arme,
　Schwingt sich auf sein Roß,
Schickt zu seinen Mannen allen
　In dem Lande Schweiz,
Nach dem heil'gen Grab sie wallen,
　Auf der Brust das Kreuz.

Große Taten dort geschehen
　Durch der Helden Arm,
Ihres Helmes Büsche wehen
　In der Feinde Schwarm,
Und des Toggenburgers Name
　Schreckt den Muselmann,

Doch das Herz von seinem Grame
Nicht genesen kann.

Und ein Jahr hat er's getragen,
Trägt's nicht länger mehr,
Ruhe kann er nicht erjagen,
Und verläßt das Heer,
Sieht ein Schiff an Joppe's Strande,
Das die Segel bläht,
Schiffet heim zum teuren Lande,
Wo ihr Atem weht.

Und an ihres Schlosses Pforte
Klopft der Pilger an,
Ach! und mit dem Donnerworte
Wird sie aufgetan:
»Die ihr suchet, trägt den Schleier,
Ist des Himmels Braut,
Gestern war des Tages Feier
Der sie Gott getraut.«

Da verlässet er auf immer
Seiner Väter Schloß,
Seine Waffen sieht er nimmer,
Noch sein treues Roß,
Von der Toggenburg hernieder
Steigt er unbekannt,
Denn es deckt die edeln Glieder
Härenes Gewand.

Und erbaut sich eine Hütte
Jener Gegend nah,
Wo das Kloster aus der Mitte
Düstrer Linden sah;
Harrend von des Morgens Lichte
Bis zu Abends Schein,
Stille Hoffnung im Gesichte,
Saß er da allein.

Blickte nach dem Kloster drüben,
Blickte Stundenlang
Nach dem Fenster seiner Lieben,
Bis das Fenster klang,
Bis die Liebliche sich zeigte,
Bis das teure Bild

Sich ins Tal herunter neigte,
  Ruhig, engelmild.

Und dann legt er froh sich nieder,
  Schlief getröstet ein,
Still sich freuend, wenn es wieder
  Morgen würde sein.
Und so saß er viele Tage,
  Saß viel Jahre lang,
Harrend ohne Schmerz und Klage,
  Bis das Fenster klang.

Bis die Liebliche sich zeigte,
  Bis das teure Bild
Sich ins Tal herunter neigte,
  Ruhig, engelmild.
Und so saß er, eine Leiche,
  Eines Morgens da,
Nach dem Fenster noch das bleiche
  Stille Antlitz sah.

Die Götter Griechenlandes

Da ihr noch die schöne Welt regieret,
An der Freude leichtem Gängelband
Selige Geschlechter noch geführet,
Schöne Wesen aus dem Fabelland!
Ach, da euer Wonnedienst noch glänzte,
Wie ganz anders, anders war es da!
Da man deine Tempel noch bekränzte,
Venus Amathusia!

Da der Dichtung zauberische Hülle
Sich noch lieblich um die Wahrheit wand –
Durch die Schöpfung floß da Lebensfülle,
Und was nie empfinden wird, empfand.
An der Liebe Busen sie zu drücken,
Gab man höhern Adel der Natur,
Alles wies den eingeweihten Blicken
Alles eines Gottes Spur.

Wo jetzt nur, wie unsre Weisen sagen,
Seelenlos ein Feuerball sich dreht,
Lenkte damals seinen gold'nen Wagen
Helios in stiller Majestät.
Diese Höhen füllten Oreaden,
Eine Dryas lebt' in jenem Baum,
Aus den Urnen lieblicher Najaden
Sprang der Ströme Silberschaum.

Jener Lorbeer wand sich einst um Hilfe,
Tantals Tochter schweigt in diesem Stein,
Syrinx Klage tönt' aus jenem Schilfe,
Philomelas Schmerz aus diesem Hain.
Jener Bach empfing Demeters Zähre,
Die sie um Persephonen geweint,
Und von diesem Hügel rief Cythere
Ach umsonst! dem schönen Freund.

Zu Deukalions Geschlechte stiegen
Damals noch die Himmlischen herab,

Pyrrhas schöne Töchter zu besiegen
Nahm der Läto Sohn den Hirtenstab.
Zwischen Menschen, Göttern und Heroen
Knüpfte Amor einen schönen Bund,
Sterbliche mit Göttern und Heroen
Huldigten in Amathunt.

Finstrer Ernst und trauriges Entsagen
War aus eurem heitern Dienst verbannt,
Glücklich sollten alle Herzen schlagen,
Denn euch war der glückliche verwandt.
Damals war nichts heilig als das Schöne,
Keiner Freude schämte sich der Gott,
Wo die keusch errötende Kamöne,
Wo die Grazie gebot.

Eure Tempel lachten gleich Palästen,
Euch verherrlichte das Heldenspiel
An des Isthmus kronenreichen Festen,
Und die Wagen donnerten zum Ziel.
Schön geschlung'ne seelenvolle Tänze
Kreis'ten um den prangenden Altar,
Eure Schläfe schmückten Siegeskränze,
Kronen euer duftend Haar.

Das Evoe muntrer Thyrsusschwinger
Und der Panther prächtiges Gespann
Meldeten den großen Freudebringer,
Faun und Satyr taumeln ihm voran,

Um ihn springen rasende Mänaden,
Ihre Tänze loben seinen Wein,
Und des Wirtes braune Wangen laden
Lustig zu dem Becher ein.

Damals trat kein gräßliches Gerippe
Vor das Bett des Sterbenden. Ein Kuß
Nahm das letzte Leben von der Lippe,
Seine Fackel senkt' ein Genius.
Selbst des Orkus strenge Richterwaage
Hielt der Enkel einer Sterblichen,
Und des Thrakers seelenvolle Klage
Rührte die Erinnyen.

Seine Freuden traf der frohe Schatten
In Elysiens Hainen wieder an,
Treue Liebe fand den treuen Gatten
Und der Wagenlenker seine Bahn,
Linus Spiel tönt die gewohnten Lieder,
In Alcestens Arme sinkt Admet,
Seinen Freund erkennt Orestes wieder,
Seine Pfeile Philoktet.

Höh're Preise stärkten da den Ringer
Auf der Tugend arbeitvoller Bahn,
Großer Taten herrliche Vollbringer
Klimmten zu den Seligen hinan.
Vor dem Wiederfoderer der Toten
Neigte sich der Götter stille Schar,

Durch die Fluten leuchtet dem Piloten
Vom Olimp das Zwillingspaar.

Schöne Welt, wo bist du? Kehre wieder
Holdes Blütenalter der Natur!
Ach nur in dem Feenland der Lieder
Lebt noch deine fabelhafte Spur.
Ausgestorben trauert das Gefilde,
Keine Gottheit zeigt sich meinem Blick,
Ach von jenem lebenwarmen Bilde
Blieb der Schatten nur zurück.

Alle jene Blüten sind gefallen
Von des Nordes schauerlichem Weh'n,
Einen zu bereichern unter allen
Mußte diese Götterwelt vergehn.
Traurig such' ich an dem Sternenbogen,
Dich Selene find' ich dort nicht mehr,
Durch die Wälder ruf' ich, durch die Wogen,
Ach! sie widerhallen leer!

Unbewußt der Freuden, die sie schenket,
Nie entzückt von ihrer Herrlichkeit,
Nie gewahr des Geistes, der sie lenket,
Sel'ger nie durch meine Seligkeit,
Fühllos selbst für ihres Künstlers Ehre,
Gleich dem toten Schlag der Pendeluhr,
Dient sie knechtisch dem Gesetz der Schwere
Die entgötterte Natur.

Morgen wieder neu sich zu entbinden,
Wühlt sie heute sich ihr eig'nes Grab,
Und an ewig gleicher Spindel winden
Sich von selbst die Monde auf und ab.
Müßig kehrten zu dem Dichterlande
Heim die Götter, unnütz einer Welt,
Die, entwachsen ihrem Gängelbande,
Sich durch eig'nes Schweben hält.

Ja sie kehrten heim und alles Schöne
Alles Hohe nahmen sie mit fort,
Alle Farben, alle Lebenstöne,
Und uns blieb nur das entseelte Wort.
Aus der Zeitflut weggerissen schweben
Sie gerettet auf des Pindus Höhn,
Was unsterblich im Gesang soll leben
Muß im Leben untergehn.

Die Kraniche des Ibycus

Ballade

Zum Kampf der Wagen und Gesänge,
Der auf Corinthus Landesenge
Der Griechen Stämme froh vereint,
Zog Ibycus, der Götterfreund.
Ihm schenkte des Gesanges Gabe,
Der Lieder süßen Mund Apoll,
So wandert' er, an leichtem Stabe,
Aus Rhegium, des Gottes voll.

Schon winkt auf hohem Bergesrücken
Acrocorinth des Wandrers Blicken,
Und in Poseidons Fichtenhain
Tritt er mit frommem Schauder ein.
Nichts regt sich um ihn her, nur Schwärme
Von Kranichen begleiten ihn,
Die fernhin nach des Südens Wärme
In graulichtem Geschwader ziehn.

»Seid mir gegrüßt, befreundte Scharen!
Die mir zur See Begleiter waren,
Zum guten Zeichen nehm ich euch,
Mein Los, es ist dem euren gleich.
Von fernher kommen wir gezogen,
Und flehen um ein wirtlich Dach.

Sei uns der Gastliche gewogen,
Der von dem Fremdling wehrt die Schmach!«

Und munter fördert er die Schritte,
Und sieht sich in des Waldes Mitte,
Da sperren, auf gedrangem Steg,
Zwei Mörder plötzlich seinen Weg.
Zum Kampfe muß er sich bereiten,
Doch bald ermattet sinkt die Hand,
Sie hat der Leier zarte Saiten,
Doch nie des Bogens Kraft gespannt.

Er ruft die Menschen an, die Götter,
Sein Flehen dringt zu keinem Retter,
Wie weit er auch die Stimme schickt,
Nichts lebendes wird hier erblickt.
»So muß ich hier verlassen sterben,
Auf fremdem Boden, unbeweint,
Durch böser Buben Hand verderben,
Wo auch kein Rächer mir erscheint!«

Und schwer getroffen sinkt er nieder,
Da rauscht der Kraniche Gefieder,
Er hört, schon kann er nicht mehr sehn,
Die nahen Stimmen furchtbar krähn.
»Von euch ihr Kraniche dort oben!
Wenn keine andre Stimme spricht,
Sei meines Mordes Klag' erhoben!«
Er ruft es, und sein Auge bricht.

Der nackte Leichnam wird gefunden,
Und bald, obgleich entstellt von Wunden,
Erkennt der Gastfreund in Corinth,
Die Züge, die ihm teuer sind.
»Und muß ich so dich wiederfinden,
Und hoffte mit der Fichte Kranz
Des Sängers Schläfe zu umwinden,
Bestrahlt von seines Ruhmes Glanz!«

Und jammernd hören's alle Gäste,
Versammelt bei Poseidons Feste,
Ganz Griechenland ergreift der Schmerz,
Verloren hat ihn jedes Herz,
Und stürmend drängt sich zum Prytanen
Das Volk, es fodert seine Wut,
Zu rächen des Erschlag'nen Manen,
Zu sühnen mit des Mörders Blut.

Doch wo die Spur, die aus der Menge,
Der Völker flutendem Gedränge,
Gelocket von der Spiele Pracht,
Den schwarzen Täter kenntlich macht?
Sind's Räuber, die ihn feig erschlagen?
Tat's neidisch ein verborgner Feind?
Nur Helios vermag's zu sagen,
Der alles Irdische bescheint.

Er geht vielleicht mit frechem Schritte
Jetzt eben durch der Griechen Mitte,

Und während ihn die Rache sucht,
Genießt er seines Frevels Frucht.
Auf ihres eignen Tempels Schwelle
Trotzt er vielleicht den Göttern, mengt
Sich dreist in jene Menschenwelle,
Die dort sich zum Theater drängt.

Denn Bank an Bank gedränget sitzen,
Es brechen fast der Bühne Stützen,
Herbeigeströmt von Fern und Nah,
Der Griechen Völker wartend da,
Dumpfbrausend wie des Meeres Wogen,
Von Menschen wimmelnd, wächst der Bau,
In weiter stets geschweiftem Bogen
Hinauf bis in des Himmels Blau.

Wer zählt die Völker, nennt die Namen,
Die gastlich hier zusammen kamen?
Von Theseus Stadt, von Aulis Strand,
Von Phocis, vom Spartanerland,
Von Asiens entlegner Küste,
Von allen Inseln kamen sie,
Und horchen von dem Schaugerüste
Des *Chores* grauser Melodie,

Der streng und ernst, nach alter Sitte,
Mit langsam abgemeßnem Schritte,
Hervortritt aus dem Hintergrund,
Umwandelnd des Theaters Rund.

So schreiten keine ird'schen Weiber,
Die zeugete kein sterblich Haus!
Es steigt das Riesenmaß der Leiber
Hoch über menschliches hinaus.

Ein schwarzer Mantel schlägt die Lenden,
Sie schwingen in entfleischten Händen
Der Fackel düsterrote Glut,
In ihren Wangen fließt kein Blut.
Und wo die Haare lieblich flattern,
Um Menschenstirnen freundlich wehn,
Da sieht man Schlangen hier und Nattern
Die giftgeschwollnen Bäuche blähn.

Und schauerlich gedreht im Kreise,
Beginnen sie des Hymnus Weise,
Der durch das Herz zerreißend dringt,
Die Bande um den Sünder schlingt.
Besinnungraubend, Herzbetörend
Schallt der Erinnyen Gesang,
Er schallt, des Hörers Mark verzehrend,
Und duldet nicht der Leier Klang:

»Wohl dem, der frei von Schuld und Fehle
Bewahrt die kindlich reine Seele!
Ihm dürfen wir nicht rächend nahn,
Er wandelt frei des Lebens Bahn.
Doch wehe wehe, wer verstohlen
Des Mordes schwere Tat vollbracht,

Wir heften uns an seine Sohlen,
Das furchtbare Geschlecht der Nacht!

Und glaubt er fliehend zu entspringen,
Geflügelt sind wir da, die Schlingen
Ihm werfend um den flücht'gen Fuß,
Daß er zu Boden fallen muß.
So jagen wir ihn, ohn' Ermatten,
Versöhnen kann uns keine Reu,
Ihn fort und fort bis zu den Schatten,
Und geben ihn auch dort nicht frei.«

So singend tanzen sie den Reigen,
Und Stille wie des Todes Schweigen
Liegt über'm ganzen Hause schwer,
Als ob die Gottheit nahe wär'.
Und feierlich, nach alter Sitte
Umwandelnd des Theaters Rund,
Mit langsam abgemeßnem Schritte,
Verschwinden sie im Hintergrund.

Und zwischen Trug und Wahrheit schwebet
Noch zweifelnd jede Brust und bebet,
Und huldiget der furchtbar'n Macht,
Die richtend im Verborg'nen wacht,
Die unerforschlich, unergründet,
Des Schicksals dunkeln Knäuel flicht,
Dem tiefen Herzen sich verkündet,
Doch fliehet vor dem Sonnenlicht.

Da hört man auf den höchsten Stufen
Auf einmal eine Stimme rufen:
»Sieh da! Sieh da, Timotheus,
Die Kraniche des Ibycus!« –
Und finster plötzlich wird der Himmel,
Und über dem Theater hin,
Sieht man, in schwärzlichtem Gewimmel
Ein Kranichheer vorüberziehn.

»Des Ibycus!« – Der teure Name
Rührt jede Brust mit neuem Grame,
Und, wie im Meere Well auf Well,
So läuft's von Mund zu Munde schnell:
»Des Ibycus, den wir beweinen,
Den eine Mörderhand erschlug!
Was ist's mit dem? Was kann er meinen?
Was ist's mit diesem Kranichzug?« –

Und lauter immer wird die Frage,
Und ahnend fliegt's, mit Blitzesschlage,
Durch alle Herzen. »Gebet acht!
Das ist der Eumeniden Macht!
Der fromme Dichter wird gerochen,
Der Mörder bietet selbst sich dar!
Ergreift ihn, der das Wort gesprochen,
Und ihn, an den's gerichtet war.«

Doch dem war kaum das Wort entfahren,
Möcht' er's im Busen gern bewahren;

Umsonst, der schreckenbleiche Mund
Macht schnell die Schuldbewußten kund.
Man reißt und schleppt sie vor den Richter,
Die Szene wird zum Tribunal,
Und es gestehn die Bösewichter,
Getroffen von der Rache Strahl.

Resignation

Auch ich war in Arkadien geboren,
　Auch mir hat die Natur
An meiner Wiege Freude zugeschworen,
Auch ich war in Arkadien geboren,
　Doch Tränen gab der kurze Lenz mir nur.

Des Lebens Mai blüht einmal und nicht wieder,
　Mir hat er abgeblüht.
Der stille Gott – o weinet meine Brüder –
Der stille Gott taucht meine Fackel nieder,
　Und die Erscheinung flieht.

Da steh' ich schon auf deiner finstern Brücke
　Furchtbare Ewigkeit.
Empfange meinen Vollmachtbrief zum Glücke!
Ich bring' ihn unerbrochen dir zurücke,
　Ich weiß nichts von Glückseligkeit.

Vor deinem Thron erheb' ich meine Klage,
　Verhüllte Richterin,
Auf jenem Stern ging eine frohe Sage,
Du thronest hier mit des Gerichtes Waage
　Und nennest dich Vergelterin.

Hier, spricht man, warten Schrecken auf den Bösen,
   Und Freuden auf den Redlichen.
Des Herzens Krümmen werdest du entblößen,
Der Vorsicht Rätsel werdest du mir lösen,
   Und Rechnung halten mit dem Leidenden.

Hier öffne sich die Heimat dem Verbannten,
   Hier endige des Dulders Dornenbahn.
Ein Götterkind, das sie mir *Wahrheit* nannten,
Die meisten flohen, wenige nur kannten,
   Hielt meines Lebens raschen Zügel an.

»Ich zahle dir in einem andern Leben,
   Gib deine Jugend mir,
Nichts kann ich dir als diese Weisung geben.«
Ich nahm die Weisung auf das andre Leben,
   Und meiner Jugend Freuden gab ich ihr.

»Gib mir das Weib, so teuer deinem Herzen,
   Gib deine Laura mir.
Jenseits der Gräber wuchern deine Schmerzen.« –
Ich riß sie blutend aus dem wunden Herzen,
   Und weinte laut, und gab sie ihr.

»Die Schuldverschreibung lautet an die Toten«,
   Hohnlächelte die Welt,
»Die Lügnerin, gedungen von Despoten,
Hat für die Wahrheit Schatten dir geboten,
   Du bist nicht mehr, wenn dieser Schein verfällt.«

Frech witzelte das Schlangenheer der Spötter:
»Vor einem Wahn, den nur Verjährung weiht,
Erzitterst du? Was sollen deine Götter,
Des kranken Weltplans schlau erdachte Retter,
Die Menschenwitz des Menschen Notdurft leiht?«

»Was heißt die Zukunft, die uns Gräber decken?
Die Ewigkeit, mit der du eitel prangst?
Ehrwürdig nur, weil Hüllen sie verstecken,
Der Riesenschatten uns're eig'nen Schrecken
Im hohlen Spiegel der Gewissensangst;«

»Ein Lügenbild lebendiger Gestalten,
Die Mumie der Zeit
Vom Balsamgeist der Hoffnung in den kalten
Behausungen des Grabes hingehalten,
Das nennt dein Fieberwahn Unsterblichkeit?«

»Für Hoffnungen – Verwesung straft sie Lügen –
Gabst du *gewisse* Güter hin?
Sechstausend Jahre hat der Tod geschwiegen,
Kam je ein Leichnam aus der Gruft gestiegen,
Der Meldung tat von der Vergelterin?« –

Ich sah die Zeit nach deinen Ufern fliegen,
Die blühende Natur
Blieb hinter ihr, ein welker Leichnam, liegen,
Kein Toter kam aus seiner Gruft gestiegen,
Und fest vertraut' ich auf den Götterschwur.

All meine Freuden hab' ich dir geschlachtet,
Jetzt werf' ich mich vor deinen Richterthron.
Der Menge Spott hab' ich beherzt verachtet,
Nur *deine* Güter hab' ich groß geachtet,
Vergelterin, ich fodre meinen Lohn.

»Mit gleicher Liebe lieb' ich meine Kinder
Rief unsichtbar ein Genius.
Zwei Blumen, rief er – hört es Menschenkinder –
Zwei Blumen blühen für den weisen Finder,
Sie heißen *Hoffnung* und *Genuß.*

Wer dieser Blumen Eine brach, begehre
Die andre Schwester nicht.
Genieße wer nicht glauben kann. Die Lehre
Ist ewig wie die Welt. Wer glauben kann, entbehre.
Die Weltgeschichte ist das Weltgericht.

Du hast *gehofft*, dein Lohn ist abgetragen,
Dein *Glaube* war dein zugewog'nes Glück.
Du konntest deine Weisen fragen,
Was man von der Minute ausgeschlagen
Gibt keine Ewigkeit zurück.«

Der Gang nach dem Eisenhammer

Ein frommer Knecht war Fridolin,
Und in der Furcht des Herrn
Ergeben der Gebieterin,
Der Gräfin von Savern.
Sie war so sanft, sie war so gut,
Doch auch der Launen Übermut
Hätt' er geeifert zu erfüllen,
Mit Freudigkeit, um Gotteswillen.

Früh von des Tages erstem Schein
Bis spät die Vesper schlug,
Lebt er nur ihrem Dienst allein,
Tat nimmer sich genug.
Und sprach die Dame: mach dir's leicht!
Da wurd' ihm gleich das Auge feucht,
Und meinte, seiner Pflicht zu fehlen,
Durft' er sich nicht im Dienste quälen.

Drum vor dem ganzen Dienertroß
Die Gräfin ihn erhob,
Aus ihrem schönen Munde floß
Sein unerschöpftes Lob.
Sie hielt ihn nicht als ihren Knecht,
Es gab sein Herz ihm Kindesrecht,

Ihr klares Auge mit Vergnügen
Hing an den wohlgestalten Zügen.

Darob entbrennt in Roberts Brust,
Des Jägers, gift'ger Groll,
Dem längst von böser Schadenlust
Die schwarze Seele schwoll.
Und trat zum Grafen, rasch zur Tat,
Und offen des Verführers Rat,
Als einst vom Jagen heim sie kamen,
Streut' ihm ins Herz des Argwohns Samen:

»Wie seid ihr glücklich, edler Graf,
Hub er voll Arglist an,
Euch raubet nicht den goldnen Schlaf
Des Zweifels gift'ger Zahn.
Denn ihr besitzt ein edles Weib,
Es gürtet Scham den keuschen Leib,
Die fromme Treue zu berücken
Wird nimmer dem Versucher glücken.«

Da rollt der Graf die finstern Brau'n:
Was redst du mir Gesell?
Werd' ich auf Weibestugend baun,
Beweglich wie die Well?
Leicht locket sie des Schmeichlers Mund,
Mein Glaube steht auf festerm Grund,
Vom Weib des Grafen von Saverne
Bleibt, hoff' ich, der Versucher ferne.

Der andere spricht »So denkt ihr recht.
Nur euren Spott verdient
Der Tor, der, ein geborner Knecht,
Ein solches sich erkühnt,
Und zu der Frau, die ihm gebeut,
Erhebt der Wünsche Lüsternheit« –
Was? fällt ihm jener ein und bebet,
Redst du von einem, der da lebet?

»Ja doch, was aller Mund erfüllt,
Das bärg' sich meinem Herrn!
Doch, weil ihr's denn mit Fleiß verhüllt,
So unterdrück' ichs gern« –
Du bist des Todes, Bube, sprich!
Ruft jener streng und fürchterlich.
Wer hebt das Aug' zu Kunigonden?
»Nun ja, ich spreche von dem Blonden.«

»Er ist nicht häßlich von Gestalt,«
Fährt er mit Arglist fort,
Indem's den Grafen heiß und kalt
Durchrieselt bei dem Wort.
»Ists möglich Herr? Ihr saht es nie,
Wie er nur Augen hat für sie?
Bei Tafel eurer selbst nicht achtet,
An ihren Stuhl gefesselt schmachtet?«

»Seht da die Verse, die er schrieb,
Und seine Glut gesteht« –

Gesteht! – »Und sie um Gegenlieb',
Der freche Bube! fleht.
Die gnäd'ge Gräfin, sanft und weich,
Aus Mitleid wohl verbarg sie's euch,
Mich reuet jetzt, daß mir's entfahren,
Denn Herr, was habt ihr zu befahren?«

Da ritt in seines Zornes Wut
Der Graf ins nahe Holz,
Wo ihm in hoher Öfen Glut
Die Eisenstufe schmolz.
Hier nährten früh und spat den Brand
Die Knechte mit geschäft'ger Hand,
Der Funke sprüht, die Bälge blasen,
Als gält es, Felsen zu verglasen.

Des Wassers und des Feuers Kraft
Verbündet sieht man hier,
Das Mühlrad von der Flut gerafft,
Umwälzt sich für und für.
Die Werke klappern Nacht und Tag,
Im Takte pocht der Hämmer Schlag,
Und bildsam von den mächt'gen Streichen
Muß selbst das Eisen sich erweichen.

Und zweien Knechten winket er,
Bedeutet sie und sagt:
Den ersten, den ich sende her,
Und der euch also fragt:

»Habt ihr befolgt des Herren Wort?«
Den werft mir in die Hölle dort,
Daß er zu Asche gleich vergehe,
Und ihn mein Aug' nicht weiter sehe.

Des freut sich das entmenschte Paar
Mit roher Henkerslust,
Denn fühllos wie das Eisen war
Das Herz in ihrer Brust.
Und frischer mit der Bälge Hauch
Erhitzen sie des Ofens Bauch,
Und schicken sich mit Mordverlangen
Das Todesopfer zu empfangen.

Drauf Robert zum Gesellen spricht
Mit falschem Heuchelschein:
Frisch auf Gesell und säume nicht,
Der Herr begehret dein.
Der Herr, der spricht zu Fridolin:
Mußt gleich zum Eisenhammer hin,
Und frage mir die Knechte dorten,
Ob sie getan nach meinen Worten?

Und jener spricht: es soll geschehn,
Und macht sich flugs bereit.
Doch sinnend bleibt er plötzlich stehn:
»Ob sie mir nichts gebeut?«
Und vor die Gräfin stellt er sich:
»Hinaus zum Hammer schickt man mich,

So sag, was kann ich dir verrichten?
Denn dir gehören meine Pflichten.«

Darauf die Dame von Savern
Versetzt mit sanftem Ton:
Die heil'ge Messe hört' ich gern,
Doch liegt mir krank der Sohn.
So gehe denn mein Kind und sprich
In Andacht ein Gebet für mich,
Und denkst du reuig deiner Sünden,
So laß auch mich die Gnade finden.

Und froh der vielwillkommnen Pflicht,
Macht er im Flug sich auf,
Hat noch des Dorfes Ende nicht
Erreicht im schnellen Lauf,
Da tönt ihm von dem Glockenstrang
Hellschlagend des Geläutes Klang,
Das alle Sünder, hochbegnadet,
Zum Sakramente festlich ladet.

»Dem lieben Gotte weich nicht aus,
Find'st du ihn auf dem Weg! –«
Er spricht's und tritt ins Gotteshaus,
Kein Laut ist hier noch reg'.
Denn um die Ernte war's, und heiß
Im Felde glüht' der Schnitter Fleiß,
Kein Chorgehilfe war erschienen,
Die Messe kundig zu bedienen.

Entschlossen ist er alsobald,
Und macht den Sakristan,
Das, spricht er, ist kein Aufenthalt,
Was fördert himmelan.
Die *Stola* und das *Cingulum*
Hängt er dem Priester dienend um,
Bereitet hurtig die Gefäße,
Geheiliget zum Dienst der Messe.

Und als er dies mit Fleiß getan,
Tritt er als Ministrant
Dem Priester zum Altar voran,
Das Meßbuch in der Hand,
Und knieet rechts und knieet links,
Und ist gewärtig jedes Winks,
Und als des *Sanctus* Worte kamen
Da schellt er dreimal bei dem Namen.

Drauf als der Priester fromm sich neigt
Und, zum Altar gewandt,
Den Gott, den gegenwärt'gen, zeigt,
In hocherhabner Hand,
Da kündet es der Sakristan
Mit hellem Glöcklein klingend an,
Und alles kniet und schlägt die Brüste,
Sich fromm bekreuzend vor dem Christe.

So übt er jedes pünktlich aus,
Mit schnell gewandtem Sinn,
Was Brauch ist in dem Gotteshaus,
Er hat es alles inn,
Und wird nicht müde bis zum Schluß,
Bis beim *Vobiscum Dominus*
Der Priester zur Gemein' sich wendet,
Die heil'ge Handlung segnend endet.

Da stellt er jedes wiederum
In Ordnung säuberlich,
Erst reinigt er das Heiligtum,
Und dann entfernt er sich,
Und eilt in des Gewissens Ruh
Den Eisenhütten heiter zu,
Spricht unterwegs, die Zahl zu füllen,
Zwölf Paternoster noch im Stillen.

Und als er rauchen sieht den Schlot,
Und sieht die Knechte stehn,

Da ruft er: Was der Graf gebot,
Ihr Knechte, ist's geschehn?
Und grinzend zerren sie den Mund,
Und deuten in des Ofens Schlund:
»Der ist besorgt und aufgehoben,
Der Graf wird seine Diener loben.«

Die Antwort bringt er seinem Herrn
In schnellem Lauf zurück.
Als der ihn kommen sieht von fern,
Kaum traut er seinem Blick:
Unglücklicher! wo kommst du her?
»Vom Eisenhammer« – Nimmermehr!
So hast du dich im Lauf verspätet?
»Herr, nur so lang, bis ich gebetet.«

»Denn als von eurem Angesicht
Ich heute ging, verzeiht!
Da fragt' ich erst, nach meiner Pflicht,
Bei der, die mir gebeut.
Die Messe, Herr, befahl sie mir
Zu hören, gern gehorcht' ich ihr,
Und sprach der Rosenkränze viere
Für euer Heil und für das ihre.«

In tiefes Staunen sinket hier
Der Graf, entsetzet sich.
Und welche Antwort wurde dir
Am Eisenhammer? Sprich!

»Herr, dunkel war der Rede Sinn,
Zum Ofen wies man lachend hin:
Der ist besorgt und aufgehoben,
Der Graf wird seine Diener loben.«

Und Robert? fällt der Graf ihm ein,
Es überläuft ihn kalt,
Sollt er dir nicht begegnet sein,
Ich sandt ihn doch zum Wald.
»Herr, nicht im Wald, nicht in der Flur
Fand ich von Robert eine Spur –«
Nun, ruft der Graf und steht vernichtet,
Gott selbst im Himmel hat gerichtet!

Und gütig, wie er nie gepflegt,
Nimmt er des Dieners Hand,
Bringt ihn der Gattin, tiefbewegt,
Die nichts davon verstand.
Dies Kind, kein Engel ist so rein,
Laßt's eurer Huld empfohlen sein,
Wie schlimm wir auch beraten waren,
Mit dem ist Gott und seine Scharen.

Nänie

Auch das Schöne muß sterben! Das Menschen und
Götter bezwinget,
Nicht die eherne Brust rührt es des stygischen Zeus.
Einmal nur erweichte die Liebe den Schattenbeherrscher,
Und an der Schwelle noch, streng, rief er zurück
sein Geschenk.
Nicht stillt Afrodite dem schönen Knaben die Wunde,
Die in den zierlichen Leib grausam der Eber geritzt.
Nicht errettet den göttlichen Held die unsterbliche Mutter,
Wann er, am skäischen Tor fallend, sein Schicksal
erfüllt.
Aber sie steigt aus dem Meer mit allen Töchtern
des Nereus,
Und die Klage hebt an um den verherrlichten Sohn.
Siehe! Da weinen die Götter, es weinen die Göttinnen alle,
Daß das Schöne vergeht, daß das Vollkommene stirbt.
Auch ein Klaglied zu sein im Mund der Geliebten
ist herrlich,
Denn das Gemeine geht klanglos zum Orkus hinab.

Die Bürgschaft

Ballade

Zu *Dionys* dem Tyrannen schlich
Möros, den Dolch im Gewande,
Ihn schlugen die Häscher in Bande.
Was wolltest du mit dem Dolche, sprich!
Entgegnet ihm finster der Wüterich.
»Die Stadt vom Tyrannen befreien!«
Das sollst du am Kreuze bereuen.

»Ich bin, spricht jener, zu sterben bereit,
Und bitte nicht um mein Leben,
Doch willst du Gnade mir geben,
Ich flehe dich um drei Tage Zeit,
Bis ich die Schwester dem Gatten gefreit
Ich lasse den Freund dir als Bürgen,
Ihn magst du, entrinn' ich, erwürgen.«

Da lächelt der König mit arger List,
Und spricht nach kurzem Bedenken:
Drei Tage will ich dir schenken.
Doch wisse! Wenn sie verstrichen die Frist,
Eh du zurück mir gegeben bist,
So muß er statt deiner erblassen,
Doch dir ist die Strafe erlassen.

Und er kommt zum Freunde: »der König gebeut,
Daß ich am Kreuz mit dem Leben
Bezahle das frevelnde Streben,
Doch will er mir gönnen drei Tage Zeit,
Bis ich die Schwester dem Gatten gefreit,
So bleib du dem König zum Pfande,
Bis ich komme, zu lösen die Bande.«

Und schweigend umarmt ihn der treue Freund,
Und liefert sich aus dem Tyrannen,
Der andere ziehet von dannen.
Und ehe das dritte Morgenrot scheint,
Hat er schnell mit dem Gatten die Schwester vereint,
Eilt heim mit sorgender Seele,
Damit er die Frist nicht verfehle.

Da gießt unendlicher Regen herab,
Von den Bergen stürzen die Quellen,
Und die Bäche, die Ströme schwellen.
Und er kommt an's Ufer mit wanderndem Stab,
Da reißet die Brücke der Strudel hinab,
Und donnernd sprengen die Wogen
Des Gewölbes krachenden Bogen.

Und trostlos irrt er an Ufers Rand,
Wie weit er auch spähet und blicket,
Und die Stimme, die rufende, schicket,
Da stößet kein Nachen vom sichern Strand,
Der ihn setze an das gewünschte Land,

Kein Schiffer lenket die Fähre,
Und der wilde Strom wird zum Meere.

Da sinkt er ans Ufer und weint und fleht,
Die Hände zum Zeus erhoben:
»O hemme des Stromes Toben!
Es eilen die Stunden, im Mittag steht
Die Sonne und wenn sie niedergeht,
Und ich kann die Stadt nicht erreichen,
So muß der Freund mir erbleichen.«

Doch wachsend erneut sich des Stromes Wut,
Und Welle auf Welle zerrinnet,
Und Stunde an Stunde entrinnet,
Da treibt ihn die Angst, da faßt er sich Mut
Und wirft sich hinein in die brausende Flut,
Und teilt mit gewaltigen Armen
Den Strom, und ein Gott hat Erbarmen.

Und gewinnt das Ufer und eilet fort,
Und danket dem rettenden Gotte,
Da stürzet die raubende Rotte
Hervor aus des Waldes nächtlichem Ort,
Den Pfad ihm sperrend, und schnaubet Mord
Und hemmet des Wanderers Eile
Mit drohend geschwungener Keule.

»Was wollt ihr? ruft er für Schrecken bleich,
Ich habe nichts als mein Leben,

Das muß ich dem Könige geben!«
Und entreißt die Keule dem nächsten gleich:
»Um des Freundes Willen erbarmet euch!«
Und drei, mit gewaltigen Streichen,
Erlegt er, die andern entweichen.

Und die Sonne versendet glühenden Brand,
Und von der unendlichen Mühe
Ermattet sinken die Kniee:
»O hast du mich gnädig aus Räubershand,
Aus dem Strom mich gerettet ans heilige Land,
Und soll hier verschmachtend verderben,
Und der Freund mir, der liebende, sterben!«

Und horch! da sprudelt es silberhell
Ganz nahe, wie rieselndes Rauschen,
Und stille hält er zu lauschen,
Und sieh, aus dem Felsen, geschwätzig, schnell,
Springt murmelnd hervor ein lebendiger Quell,
Und freudig bückt er sich nieder,
Und erfrischet die brennenden Glieder.

Und die Sonne blickt durch der Zweige Grün,
Und malt auf den glänzenden Matten
Der Bäume gigantische Schatten;
Und zwei Wanderer sieht er die Straße ziehn,
Will eilenden Laufes vorüber fliehn,
Da hört er die Worte sie sagen:
Jetzt wird er ans Kreuz geschlagen.

Und die Angst beflügelt den eilenden Fuß,
Ihn jagen der Sorge Qualen,
Da schimmern in Abendrots Strahlen
Von ferne die Zinnen von Syrakus,
Und entgegen kommt ihm Philostratus,
Des Hauses redlicher Hüter,
Der erkennet entsetzt den Gebieter:

Zurück! du rettest den Freund nicht mehr,
So rette das eigene Leben!
Den Tod erleidet er eben.
Von Stunde zu Stunde gewartet' er
Mit hoffender Seele der Wiederkehr,
Ihm konnte den mutigen Glauben
Der Hohn des Tyrannen nicht rauben.

»Und ist es zu spät, und kann ich ihm nicht
Ein Retter willkommen erscheinen,
So soll mich der Tod ihm vereinen.
Des rühme der blut'ge Tyrann sich nicht,
Daß der Freund dem Freunde gebrochen die Pflicht,
Er schlachte der Opfer zweie,
Und glaube an Liebe und Treue.«

Und die Sonne geht unter, da steht er am Tor
Und sieht das Kreuz schon erhöhet,
Das die Menge gaffend umstehet,
An dem Seile schon zieht man den Freund empor,
Da zertrennt er gewaltig den dichten Chor:

»Mich Henker! ruft er, erwürget,
Da bin ich, für den er gebürget!«

Und Erstaunen ergreifet das Volk umher,
In den Armen liegen sich beide,
Und weinen für Schmerzen und Freude.
Da sieht man kein Auge tränenleer,
Und zum Könige bringt man die Wundermär,
Der fühlt ein menschliches Rühren,
Läßt schnell vor den Thron sie führen.

Und blicket sie lange verwundert an,
Drauf spricht er: Es ist euch gelungen,
Ihr habt das Herz mir bezwungen,
Und die Treue, sie ist doch kein leerer Wahn,
So nehmet auch mich zum Genossen an,
Ich sei, gewährt mir die Bitte,
In eurem Bunde der dritte.

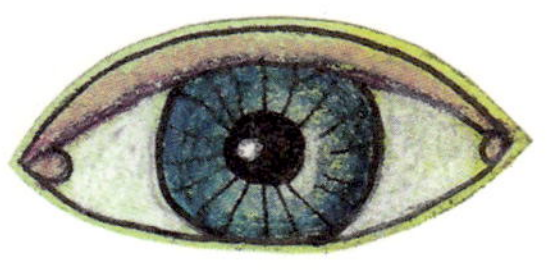

Die Gunst des Augenblicks

Und so finden wir uns wieder
In dem heitern bunten Reihn,
Und es soll der Kranz der Lieder
Frisch und grün geflochten sein.

Aber wem der Götter bringen
Wir des Liedes ersten Zoll?
Ihn vor allen laßt uns singen,
Der die Freude schaffen soll.

Denn was frommt es, daß mit Leben
Ceres den Altar geschmückt?
Daß den Purpursaft der Reben
Bacchus in die Schale drückt?

Zückt vom Himmel nicht der Funken,
Der den Herd in Flammen setzt,
Ist der Geist nicht feuertrunken,
Und das Herz bleibt unergetzt.

Aus den Wolken muß es fallen,
   Aus der Götter Schoß das Glück,
Und der mächtigste von allen
   Herrschern ist der Augenblick.

Von dem allerersten Werden
   Der unendlichen Natur,
Alles Göttliche auf Erden
   Ist ein Lichtgedanke nur.

Langsam in dem Lauf der Horen,
   Füget sich der Stein zum Stein,
Schnell wie es der Geist geboren
   Will das Werk empfunden sein.

Wie im hellen Sonnenblicke
   Sich ein Farbenteppich webt,
Wie auf ihrer bunten Brücke
   Iris durch den Himmel schwebt,

So ist jede schöne Gabe
   Flüchtig wie des Blitzes Schein,
Schnell in ihrem düstern Grabe
   Schließt die Nacht sie wieder ein.

Hero und Leander

Seht ihr dort die altergrauen
Schlösser sich entgegen schauen,
Leuchtend in der Sonne Gold,
Wo der Hellespont die Wellen
Brausend durch der Dardanellen
Hohe Felsenpforte rollt?
Hört ihr jene Brandung stürmen,
Die sich an den Felsen bricht?
Asien riß sie von Europen,
Doch die Liebe schreckt sie nicht.

Hero's und *Leander's* Herzen
Rührte mit dem Pfeil der Schmerzen
Amors heil'ge Göttermacht.
Hero, schön wie Hebe blühend,
Er, durch die Gebirge ziehend
Rüstig, im Geräusch der Jagd.
Doch der Väter feindlich Zürnen
Trennte das verbundne Paar,
Und die süße Frucht der Liebe
Hing am Abgrund der Gefahr.

Dort auf *Sestos* Felsenturme,
Den mit ew'gem Wogensturme

Schäumend schlägt der Hellespont,
Saß die Jungfrau, einsam grauend,
Nach *Abydos* Küste schauend,
Wo der Heißgeliebte wohnt.
Ach, zu dem entfernten Strande
Baut sich keiner Brücke Steg,
Und kein Fahrzeug stößt vom Ufer,
Doch die Liebe fand den Weg.

Aus des Labirinthes Pfaden
Leitet sie mit sicherm Faden,
Auch den Blöden macht sie klug,
Beugt ins Joch die wilden Tiere,
Spannt die Feuer sprüh'nden Stiere
An den diamant'nen Pflug.
Selbst der Styx, der neunfach fließet,

Schließt die wagende nicht aus,
Mächtig raubt sie das Geliebte
Aus des Pluto finsterm Haus.

Auch durch des Gewässers Fluten
Mit der Sehnsucht feur'gen Gluten
Stachelt sie Leanders Mut.
Wenn des Tages heller Schimmer
Bleichet, stürzt der kühne Schwimmer
In des Pontus finstre Flut,
Teilt mit starkem Arm die Woge,
Strebend nach dem teuren Strand,
Wo auf hohem Söller leuchtend
Winkt der Fackel heller Brand.

Und in weichen Liebesarmen
Darf der Glückliche erwarmen,
Von der schwer bestand'nen Fahrt,
Und den Götterlohn empfangen,
Den in seligem Umfangen
Ihm die Liebe aufgespart,
Bis den Säumenden Aurora
Aus der Wonne Träumen weckt,
Und ins kalte Bett' des Meeres
Aus dem Schoß der Liebe schreckt.

Und so flohen dreißig Sonnen
Schnell, im Raub verstohl'ner Wonnen,
Dem beglückten Paar dahin,

Wie der Brautnacht süße Freuden,
Die die Götter selbst beneiden,
Ewig jung und ewig grün.
Der hat nie das Glück gekostet,
Der die Frucht des Himmels nicht
Raubend an des Höllenflusses
Schauervollem Rande bricht.

Hesper und Aurora zogen
Wechselnd auf am Himmelsbogen,
Doch die Glücklichen, sie sahn
Nicht den Schmuck der Blätter fallen,
Nicht aus Nords beeisten Hallen
Den ergrimmten Winter nahn,
Freudig sahen sie des Tages
Immer kürzern, kürzern Kreis,
Für das läng're Glück der Nächte
Dankten sie betört dem Zeus.

Und es gleichte schon die Waage
An dem Himmel Nächt' und Tage,
Und die holde Jungfrau stand
Harrend auf dem Felsenschlosse,
Sah hinab die Sonnenrosse
Fliehen an des Himmels Rand.
Und das Meer lag still und eben,
Einem reinen Spiegel gleich,
Keines Windes leises Weben
Regte das krystallne Reich.

Lustige Delphinenscharen
Scherzten in dem silberklaren
Reinen Element umher,
Und in schwärzlicht grauen Zügen
Aus dem Meergrund aufgestiegen
Kam der Thetys buntes Heer.
Sie, die einzigen, bezeugten
Den verstohlnen Liebesbund,
Aber ihnen schloß auf ewig
Hekate den stummen Mund.

Und sie freute sich des schönen
Meeres, und mit Schmeicheltönen
Sprach sie zu dem Element:
»Schöner Gott! du solltest trügen!
Nein, den Frevler straf ich Lügen,
Der dich falsch und treulos nennt.
Falsch ist das Geschlecht der Menschen,
Grausam ist des Vaters Herz,
Aber du bist mild und gütig,
Und dich rührt der Liebe Schmerz.«

»In den öden Felsenmauern
Müßt' ich freudlos einsam trauern,
Und verblühn in ew'gem Harm,
Doch du trägst auf deinem Rücken,
Ohne Nachen, ohne Brücken,
Mir den Freund in meinen Arm.
Grauenvoll ist deine Tiefe,

Furchtbar deiner Wogen Flut,
Aber dich erfleht die Liebe,
Dich bezwingt der Heldenmut.«

»Denn auch dich, den Gott der Wogen,
Rührte Eros mächt'ger Bogen,
Als des gold'nen Widders Flug
Helle, mit dem Bruder fliehend,
Schön in Jugendfülle blühend,
Über deine Tiefe trug.
Schnell von ihrem Reiz besieget
Griffst du aus dem finstern Schlund,
Zogst sie von des Widders Rücken
Nieder in den Meeresgrund.«

»Eine Göttin mit dem Gotte,
In der tiefen Wassergrotte,
Lebt sie jetzt unsterblich fort,
Hilfreich der verfolgten Liebe
Zähmt sie deine wilden Triebe,
Führt den Schiffer in den Port.
Schöne Helle! Holde Göttin!
Selige, dich fleh ich an,
Bring auch heute den Geliebten
Mir auf der gewohnten Bahn.«

Und schon dunkelten die Fluten,
Und sie ließ der Fackel Gluten
Von dem hohen Söller wehn,

Leitend in den öden Reichen
Sollte das vertraute Zeichen
Der geliebte Wandrer sehn.
Und es saust und dröhnt von ferne,
Finster kräuselt sich das Meer,
Und es löscht das Licht der Sterne,
Und es naht gewitterschwer.

Auf des Pontus weite Fläche
Legt sich Nacht, und Wetterbäche
Stürzen aus der Wolken Schoß,
Blitze zucken in den Lüften,
Und aus ihren Felsengrüften
Werden alle Stürme los,
Wühlen ungeheu're Schlünde
In den weiten Wasserschlund,
Gähnend wie ein Höllenrachen
Öffnet sich des Meeres Grund.

»Wehe! Weh mir! ruft die Arme
Jammernd, großer Zeus erbarme!
Ach! Was wagt' ich zu erflehn!
Wenn die Götter mich erhören,
Wenn er sich den falschen Meeren
Preis gab in des Sturmes Wehn!
Alle Meergewohnten Vögel
Ziehen heim in eil'ger Flucht,
Alle Sturmerprobten Schiffe
Bergen sich in sich'rer Bucht.«

»Ach gewiß, der unverzagte
Unternahm das oft gewagte,
Denn ihn trieb ein mächt'ger Gott.
Er gelobte mirs beim Scheiden
Mit der Liebe heil'gen Eiden,
Ihn entbindet nur der Tod.
Ach! in diesem Augenblicke
Ringt er mit des Sturmes Wut,
Und hinab in ihre Schlünde
Reißt ihn die empörte Flut.«

»Falscher Pontus, deine Stille
War nur des Verrates Hülle,
Einem Spiegel warst du gleich,
Tückisch ruhten deine Wogen,
Bis du ihn heraus betrogen
In dein falsches Lügenreich.
Jetzt in deines Stromes Mitte,
Da die Rückkehr sich verschloß,
Lässest du auf den Verratnen
Alle deine Schrecken los.«

Und es wächst des Sturmes Toben,
Hoch zu Bergen aufgehoben
Schwillt das Meer, die Brandung bricht
Schäumend sich am Fuß der Klippen,
Selbst das Schiff mit Eichenrippen
Nahte unzerschmettert nicht.
Und im Wind erlischt die Fackel,

Die des Pfades Leuchte war,
Schrecken bietet das Gewässer,
Schrecken auch die Landung dar.

Und sie fleht zur Afrodite,
Daß sie dem Orkan gebiete,
Sänftige der Wellen Zorn,
Und gelobt den strengen Winden
Reiche Opfer anzuzünden,
Einen Stier mit gold'nem Horn.
Alle Göttinnen der Tiefe,
Alle Götter in der Höh,
Fleht sie, lindernd Öl zu gießen
In die sturmbewegte See.

»Höre meinen Ruf erschallen,
Steig aus deinen grünen Hallen,
Selige *Leucothea*!
Die der Schiffer in dem öden
Wellenreich, in Sturmesnöten,
Rettend oft erscheinen sah.
Reich' ihm deinen heil'gen Schleier,
Der, geheimnisvoll gewebt,
Die ihn tragen, unverletzlich
Aus dem Grab der Fluten hebt.«

Und die wilden Winde schweigen,
Hell an Himmels Rande steigen
Eos Pferde in die Höh.

Friedlich in dem alten Bette
Fließt das Meer in Spiegelsglätte,
Heiter lächeln Luft und See.
Sanfter brechen sich die Wellen
An des Ufers Felsenwand,
Und sie schwemmen, ruhig spielend
Einen Leichnam an den Strand.

Ja er ist's, der auch entseelet
Seinem heil'gen Schwur nicht fehlet!
Schnellen Blicks erkennt sie ihn,
Keine Klage läßt sie schallen,
Keine Träne sieht man fallen,
Kalt, verzweifelnd starrt sie hin.
Trostlos in die öde Tiefe
Blickt sie, in des Äthers Licht,
Und ein edles Feuer rötet
Das erbleichte Angesicht.

»Ich erkenn' euch ernste Mächte,
Strenge treibt ihr eure Rechte,
Furchtbar, unerbittlich ein.
Früh schon ist mein Lauf beschlossen,
Doch das Glück hab' ich genossen,
Und das schönste Los war mein.
Lebend hab ich deinem Tempel
Mich geweiht als Priesterin,
Dir ein freudig Opfer sterb' ich,
Venus, große Königin!«

Und mit fliegendem Gewande
Schwingt sie von des Turmes Rande
In die Meerflut sich hinab.
Hoch in seinen Flutenreichen
Wälzt der Gott die heil'gen Leichen,
Und er selber ist ihr Grab.
Und mit seinem Raub zufrieden
Zieht er freudig fort und gießt
Aus der unerschöpften Urne
Seinen Strom, der ewig fließt.

Das verschleierte Bild zu Sais

Ein Jüngling, den des Wissens heißer Durst
Nach Sais in Ägypten trieb, der Priester
Geheime Weisheit zu erlernen, hatte
Schon manchen Grad mit schnellem Geist durcheilt,
Stets riß ihn seine Forschbegierde weiter,
Und kaum besänftigte der Hierophant
Den ungeduldig strebenden. »Was hab' ich,
Wenn ich nicht Alles habe, sprach der Jüngling,
Gibts etwa hier ein Weniger und Mehr?
Ist deine Wahrheit wie der Sinne Glück
Nur eine Summe, die man größer, kleiner
Besitzen kann und immer doch besitzt?
Ist sie nicht eine einzge, ungeteilte?
Nimm einen Ton aus einer Harmonie,
Nimm eine Farbe aus dem Regenbogen,
Und alles was dir bleibt ist Nichts, so lang
Das schöne All der Töne fehlt und Farben.«

Indem sie einst so sprachen, standen sie
In einer einsamen Rotonde still,
Wo ein verschleiert Bild von Riesengröße
Dem Jüngling in die Augen fiel. Verwundert
Blickt er den Führer an und spricht: Was ist's,
Das hinter diesem Schleier sich verbirgt?

»Die Wahrheit«, ist die Antwort – Wie? ruft jener,
Nach Wahrheit streb' ich ja allein, und diese
Gerade ist es, die man mir verhüllt?

»Das mache mit der Gottheit aus, versetzt
Der Hierophant. Kein Sterblicher, sagt sie,
Rückt diesen Schleier, bis ich selbst ihn hebe.
Und wer mit ungeweihter schuld'ger Hand
Den heiligen, verbot'nen früher hebt,
Der, spricht die Gottheit« – Nun? »Der *sieht* die Wahrheit.«
Ein seltsamer Orakelspruch! Du selbst
Du hättest also niemals ihn gehoben?
»Ich? Wahrlich nicht! Und war auch nie dazu
Versucht« – Das faß ich nicht. Wenn von der Wahrheit
Nur diese dünne Scheidewand mich trennte –
»Und ein Gesetz, fällt ihm sein Führer ein.
Gewichtiger mein Sohn als du es meinst
Ist dieser dünne Flor – Für deine Hand
Zwar leicht, doch Zentner schwer für dein Gewissen.«

Der Jüngling ging gedankenvoll nach Hause,
Ihm raubt des Wissens brennende Begier
Den Schlaf, er wälzt sich glühend auf dem Lager,
Und rafft sich auf um Mitternacht. Zum Tempel
Führt unfreiwillig ihn der scheue Tritt.
Leicht ward es ihm die Mauer zu ersteigen,
Und mitten in das Inn're der Rotonde
Trägt ein beherzter Sprung den Wagenden.

Hier steht er nun, und grauenvoll umfängt
Den einsamen die lebenlose Stille,
Die nur der Tritte hohler Widerhall
In den geheimen Grüften unterbricht.
Von oben durch der Kuppel Öffnung wirft
Der Mond den bleichen silberblauen Schein,
Und furchtbar wie ein gegenwärt'ger Gott
Erglänzt durch des Gewölbes Finsternisse
In ihrem langen Schleier die Gestalt.

Er tritt hinan mit ungewissem Schritt,
Schon will die freche Hand das Heilige berühren,
Da zuckt es heiß und kühl durch sein Gebein,
Und stößt ihn weg mit unsichtbarem Arme.
Unglücklicher, was willst du tun? So ruft
In seinem Innern eine treue Stimme.
Versuchen den Allheiligen willst du?
Kein Sterblicher, sprach des Orakels Mund,
Rückt diesen Schleier, bis ich selbst ihn hebe.
Doch setzte nicht derselbe Mund hinzu:
Wer diesen Schleier hebt, soll Wahrheit schauen.
Sei hinter ihm, was will! Ich heb' ihn auf.
[Er rufts mit lauter Stimm] Ich will sie schauen.

Schauen!
Gellt ihm ein langes Echo spottend nach.

Er spricht's und hat den Schleier aufgedeckt,
»Nun, fragt ihr, und was zeigte sich ihm hier?«

Ich weiß es nicht. Besinnungslos und bleich
So fanden ihn am andern Tag die Priester
Am Fußgestell der Isis ausgestreckt.
Was er allda gesehen und erfahren,
Hat seine Zunge nie bekannt. Auf ewig
War seines Lebens Heiterkeit dahin,
Ihn riß ein tiefer Gram zum frühen Grabe.
»Weh dem« dies war sein warnungsvolles Wort,
Wenn ungestüme Frager in ihn drangen,
»Weh dem, der zu der Wahrheit geht durch Schuld,
Sie wird ihm nimmermehr erfreulich sein.«

Kassandra

Freude war in Trojas Hallen,
Eh' die hohe Feste fiel,
Jubelhymnen hört man schallen
In der Saiten gold'nes Spiel.
Alle Hände ruhen müde
Von dem tränenvollen Streit,
Weil der herrliche Pelide
Priams schöne Tochter freit.

Und geschmückt mit Lorbeerreisern,
Festlich wallet Schar auf Schar
Nach der Götter heil'gen Häusern,
Zu des Thymbriers Altar.
Dumpferbrausend durch die Gassen
Wälzt sich die bacchant'sche Lust,
Und in ihrem Schmerz verlassen
War nur Eine traur'ge Brust.

Freudlos in der Freude Fülle,
Ungesellig und allein,
Wandelte Kassandra stille
In Apollo's Lorbeerhain.
In des Waldes tiefste Gründe
Flüchtete die Seherin,

Und sie warf die Priesterbinde
Zu der Erde zürnend hin:

»Alles ist der Freude offen,
Alle Herzen sind beglückt,
Und die alten Eltern hoffen,
Und die Schwester steht geschmückt.
Ich allein muß einsam trauern,
Denn mich flieht der süße Wahn,
Und geflügelt diesen Mauern
Seh ich das Verderben nahn.«

»Eine Fackel seh' ich glühen,
Aber nicht in Hymens Hand,
Nach den Wolken seh' ichs ziehen,
Aber nicht wie Opferbrand.
Feste seh' ich froh bereiten,
Doch im ahnungsvollen Geist
Hör' ich schon des Gottes Schreiten,
Der sie jammervoll zerreißt.«

»Und sie schelten meine Klagen,
Und sie höhnen meinen Schmerz,
Einsam in die Wüste tragen
Muß ich mein gequältes Herz,
Von den Glücklichen gemieden,
Und den Fröhlichen ein Spott!
Schweres hast du mir beschieden
Pythischer, du arger Gott!«

»Dein Orakel zu verkünden,
Warum warfest du mich hin
In die Stadt der ewig Blinden,
Mit dem aufgeschloß'nen Sinn?
Warum gabst du mir zu sehen,
Was ich doch nicht wenden kann?
Das Verhängte muß geschehen,
Das Gefürchtete muß nahn.«

»Frommt's, den Schleier aufzuheben,
Wo das nahe Schrecknis droht?
Nur der Irrtum ist das Leben,
Und das Wissen ist der Tod.
Nimm, o nimm die traur'ge Klarheit,
Mir vom Aug' den blut'gen Schein!
Schrecklich ist es, deiner Wahrheit
Sterbliches Gefäß zu sein.«

»Meine Blindheit gib mir wieder
Und den fröhlich dunkeln Sinn,
Nimmer sang' ich freud'ge Lieder,
Seit ich *deine* Stimme bin.
Zukunft hast du mir gegeben,
Doch du nahmst den Augenblick,
Nahmst der Stunde fröhlich Leben,
Nimm dein falsch Geschenk zurück.«

»Nimmer mit dem Schmuck der Bräute
Kränzt' ich mir das duft'ge Haar,

Seit ich deinem Dienst mich weihte
An dem traurigen Altar.
Meine Jugend war nur Weinen,
Und ich kannte nur den Schmerz,
Jede herbe Not der Meinen
Schlug an mein empfindend Herz.«

»Fröhlich seh' ich die Gespielen,
Alles um mich lebt und liebt
In der Jugend Lustgefühlen,
Mir nur ist das Herz getrübt.
Mir erscheint der Lenz vergebens,
Der die Erde festlich schmückt,
Wer erfreute sich des Lebens,
Der in seine Tiefen blickt!«

»Selig preis' ich Polyxenen
In des Herzens trunk'nem Wahn,
Denn den Besten der Hellenen
Hofft sie bräutlich zu umfah'n.
Stolz ist ihre Brust gehoben,
Ihre Wonne faßt sie kaum,
Nicht euch Himmlische dort oben
Neidet sie in ihrem Traum.«

»Und auch ich hab' ihn gesehen,
Den das Herz verlangend wählt,
Seine schönen Blicke flehen,
Von der Liebe Glut beseelt.
Gerne möcht' ich mit dem Gatten
In die heim'sche Wohnung ziehn,
Doch es tritt ein styg'scher Schatten
Nächtlich zwischen mich und ihn.«

»Ihre bleichen Larven alle
Sendet mir Proserpina,
Wo ich wand're, wo ich walle,
Stehen mir die Geister da.
In der Jugend frohe Spiele
Drängen sie sich grausend ein,
Ein entsetzliches Gewühle,
Nimmer kann ich fröhlich sein.«

»Und den Mordstahl seh' ich blinken,
Und das Mörderauge glühn,

Nicht zur Rechten, nicht zur Linken
Kann ich vor dem Schrecknis flieh'n,
Nicht die Blicke darf ich wenden,
Wissend, schauend, unverwandt
Muß ich mein Geschick vollenden
Fallend in dem fremden Land.« –

Und noch hallen ihre Worte,
Horch! Da dringt verworr'ner Ton
Fernher aus des Tempels Pforte,
Tot lag Thetis großer Sohn!
Eris schüttelt ihre Schlangen,
Alle Götter flieh'n davon,
Und des Donners Wolken hangen
Schwer herab auf Ilion.

Der Alpenjäger

Willst du nicht das Lämmlein hüten?
    Lämmlein ist so fromm und sanft,
Nährt sich von des Grases Blüten
    Spielend an des Baches Ranft?
»Mutter, Mutter laß mich gehen,
Jagen nach des Berges Höhen!«

Willst du nicht die Herde locken
    Mit des Hornes munterm Klang?
Lieblich tönt der Schall der Glocken
    In des Waldes Lustgesang.
»Mutter, Mutter, laß mich gehen,
Schweifen auf den wilden Höhen!«

Willst du nicht der Blümlein warten,
    Die im Beete freundlich stehn?
Draußen ladet dich kein Garten,
    Wild ist's auf den wilden Höh'n!
»Laß die Blümlein, laß sie blühen,
Mutter, Mutter, laß mich ziehen!«

Und der Knabe ging zu jagen,
    Und es treibt und reißt ihn fort,
Rastlos fort mit blindem Wagen

An des Berges finstern Ort,
Vor ihm her mit Windesschnelle
Flieht die zitternde Gazelle.

Auf der Felsen nackte Rippen
Klettert sie mit leichtem Schwung,
Durch den Riß geborstner Klippen
Trägt sie der gewagte Sprung,
Aber hinter ihr verwogen
Folgt er mit dem Todesbogen.

Jetzo auf den schroffen Zinken
Hängt sie, auf dem höchsten Grat,
Wo die Felsen jäh versinken,
Und verschwunden ist der Pfad.
Unter sich die steile Höhe,
Hinter sich des Feindes Nähe.

Mit des Jammers stummen Blicken
Fleht sie zu dem harten Mann,
Fleht umsonst, denn loszudrücken,

Legt er schon den Bogen an.
Plötzlich aus der Felsenspalte
Tritt der Geist, der Bergesalte.

Und mit seinen Götterhänden
Schützt er das gequälte Tier.
»Mußt du Tod und Jammer senden,
Ruft er, bis herauf zu mir?
Raum für alle hat die Erde,
Was verfolgst du meine Herde?«

Das Lied von der Glocke

Vivos voco. Mortuos plango. Fulgura frango.

Fest gemauert in der Erden,
Steht die Form, aus Lehm gebrannt.
Heute muß die Glocke werden,
Frisch, Gesellen! seid zur Hand.
  Von der Stirne heiß
  Rinnen muß der Schweiß,
Soll das Werk den Meister loben,
Doch der Segen kommt von oben.

Zum Werke, das wir ernst bereiten,
Geziemt sich wohl ein ernstes Wort;
Wenn gute Reden sie begleiten,
Dann fließt die Arbeit munter fort.
So laßt uns jetzt mit Fleiß betrachten,
Was durch die schwache Kraft entspringt,
Den schlechten Mann muß man verachten,
Der nie bedacht, was er vollbringt.
Das ist's ja, was den Menschen zieret,
Und dazu ward ihm der Verstand,
Daß er im innern Herzen spüret,
Was er erschafft mit seiner Hand.

Nehmet Holz vom Fichtenstamme,
Doch recht trocken laßt es sein,

Daß die eingepreßte Flamme
Schlage zu dem Schwalch hinein.
    Kocht des Kupfers Brei,
    Schnell das Zinn herbei.
Daß die zähe Glockenspeise
Fließe nach der rechten Weise.

Was in des Dammes tiefer Grube
Die Hand mit Feuers Hülfe baut,
Hoch auf des Turmes Glockenstube
Da wird es von uns zeugen laut.
Noch dauern wird's in späten Tagen
Und rühren vieler Menschen Ohr,
Und wird mit dem Betrübten klagen,
Und stimmen zu der Andacht Chor.
Was unten tief dem Erdensohne
Das wechselnde Verhängnis bringt,
Das schlägt an die metallne Krone,
Die es erbaulich weiter klingt.

Weiße Blasen seh' ich springen,
Wohl! die Massen sind im Fluß.
Laßt's mit Aschensalz durchdringen,
Das befördert schnell den Guß.
    Auch von Schaume rein
    Muß die Mischung sein,
Daß vom reinlichen Metalle
Rein und voll die Stimme schalle.

Denn mit der Freude Feierklange
Begrüßt sie das geliebte Kind
Auf seines Lebens erstem Gange,
Den es in Schlafes Arm beginnt;
Ihm ruhen noch im Zeitenschoße
Die schwarzen und die heitern Lose,
Der Mutterliebe zarte Sorgen
Bewachen seinen goldnen Morgen –
Die Jahre fliehen pfeilgeschwind.
Vom Mädchen reißt sich stolz der Knabe,
Er stürmt in's Leben wild hinaus,
Durchmißt die Welt am Wanderstabe,
Fremd kehrt er heim in's Vaterhaus,
Und herrlich, in der Jugend Prangen,
Wie ein Gebild aus Himmels Höh'n,
Mit züchtigen, verschämten Wangen
Sieht er die Jungfrau vor sich stehn.
Da faßt ein namenloses Sehnen
Des Jünglings Herz, er irrt allein,
Aus seinen Augen brechen Tränen,
Er flieht der Brüder wilden Reih'n.
Errötend folgt er ihren Spuren,
Und ist von ihrem Gruß beglückt,
Das schönste sucht er auf den Fluren,
Womit er seine Liebe schmückt.
O! zarte Sehnsucht, süßes Hoffen,
Der ersten Liebe goldne Zeit,
Das Auge sieht den Himmel offen,
Es schwelgt das Herz in Seligkeit,

O! daß sie ewig grünen bliebe,
Die schöne Zeit der jungen Liebe!

Wie sich schon die Pfeifen bräunen!
Dieses Stäbchen tauch' ich ein,
Sehn wir's überglas't erscheinen
Wird's zum Gusse zeitig sein.
Jetzt, Gesellen, frisch!
Prüft mir das Gemisch,
Ob das Spröde mit dem Weichen
Sich vereint zum guten Zeichen.

Denn wo das Strenge mit dem Zarten,
Wo Starkes sich und Mildes paarten,
Da gibt es einen guten Klang.
Drum prüfe, wer sich ewig bindet,
Ob sich das Herz zum Herzen findet!
Der Wahn ist kurz, die Reu ist lang.
Lieblich in der Bräute Locken
Spielt der jungfräuliche Kranz,
Wenn die hellen Kirchenglocken
Laden zu des Festes Glanz.
Ach! des Lebens schönste Feier
Endigt auch den Lebens-Mai,
Mit dem Gürtel, mit dem Schleier
Reißt der schöne Wahn entzwei.
Die Leidenschaft flieht!
Die Liebe muß bleiben,
Die Blume verblüht,

Die Frucht muß treiben.
Der Mann muß hinaus
In's feindliche Leben,
Muß wirken und streben
Und pflanzen und schaffen,
Erlisten, erraffen,
Muß wetten und wagen
Das Glück zu erjagen.
Da strömet herbei die unendliche Gabe,
Es füllt sich der Speicher mit köstlicher Habe,
Die Räume wachsen, es dehnt sich das Haus.
Und drinnen waltet
Die züchtige Hausfrau,
Die Mutter der Kinder,
Und herrschet weise
Im häuslichen Kreise,
Und lehret die Mädchen,
Und wehret den Knaben,
Und reget ohn' Ende
Die fleißigen Hände,
Und mehrt den Gewinn
Mit ordnendem Sinn.
Und füllet mit Schätzen die duftenden Laden,
Und dreht um die schnurrende Spindel den Faden,
Und sammelt im reinlich geglätteten Schrein
Die schimmernde Wolle, den schneeigten Lein,
Und füget zum Guten den Glanz und den Schimmer,
Und ruhet nimmer.

Und der Vater mit frohem Blick
Von des Hauses weitschauendem Giebel
Überzählet sein blühend Glück,
Siehet der Pfosten ragende Bäume,
Und der Scheunen gefüllte Räume
Und die Speicher, vom Segen gebogen,
Und des Kornes bewegte Wogen,
Rühmt sich mit stolzem Mund:
Fest, wie der Erde Grund,
Gegen des Unglücks Macht
Steht mir des Hauses Pracht!
Doch mit des Geschickes Mächten
Ist kein ew'ger Bund zu flechten,
Und das Unglück schreitet schnell.

Wohl! Nun kann der Guß beginnen,
Schön gezacket ist der Bruch.
Doch, bevor wir's lassen rinnen,
Betet einen frommen Spruch!
Stoßt den Zapfen aus!
Gott bewahr' das Haus.
Rauchend in des Henkels Bogen
Schießt's mit feuerbraunen Wogen.

Wohltätig ist des Feuers Macht,
Wenn sie der Mensch bezähmt, bewacht,
Und was er bildet, was er schafft,
Das dankt er dieser Himmelskraft;
Doch furchtbar wird die Himmelskraft,

Wenn sie der Fessel sich entrafft,
Einhertritt auf der eignen Spur
Die freie Tochter der Natur.
Wehe, wenn sie losgelassen
Wachsend ohne Widerstand
Durch die volkbelebten Gassen
Wälzt den ungeheuren Brand!
Denn die Elemente hassen
Das Gebild' der Menschenhand.
Aus der Wolke
Quillt der Segen,
Strömt der Regen,
Aus der Wolke, ohne Wahl,
Zuckt der Strahl!
Hört ihr's wimmern hoch vom Turm!
Das ist Sturm!
Rot wie Blut
Ist der Himmel,
Das ist nicht des Tages Glut!
Welch Getümmel
Straßen auf!
Dampf wallt auf!
Flackernd steigt die Feuersäule,
Durch der Straße lange Zeile
Wächst es fort mit Windeseile,
Kochend wie aus Ofens Rachen
Glühn die Lüfte, Balken krachen,
Pfosten stürzen, Fenster klirren,
Kinder jammern, Mütter irren,

Tiere wimmern,
Unter Trümmern,
Alles rennet, rettet, flüchtet,
Taghell ist die Nacht gelichtet,
Durch der Hände lange Kette
Um die Wette
Fliegt der Eimer, hoch im Bogen
Sprützen Quellen, Wasserwogen.
Heulend kommt der Sturm geflogen,
Der die Flamme brausend sucht.
Prasselnd in die dürre Frucht
Fällt sie, in des Speichers Räume,
In der Sparren dürre Bäume,
Und als wollte sie im Wehen
Mit sich fort der Erde Wucht
Reißen, in gewalt'ger Flucht,
Wächst sie in des Himmels Höhen
Riesengroß!
Hoffnungslos
Weicht der Mensch der Götterstärke,
Müßig sieht er seine Werke
Und bewundernd untergehen.

Leergebrannt
Ist die Stätte,
Wilder Stürme rauhes Bette,
In den öden Fensterhöhlen
Wohnt das Grauen,

Und des Himmels Wolken schauen
Hoch hinein.

Einen Blick
Nach dem Grabe
Seiner Habe
Sendet noch der Mensch zurück –
Greift fröhlich dann zum Wanderstabe,
Was Feuers Wut ihm auch geraubt,
Ein süßer Trost ist ihm geblieben,
Er zählt die Häupter seiner Lieben
Und sieh! ihm fehlt kein teures Haupt.

In die Erd' ist's aufgenommen,
Glücklich ist die Form gefüllt,
Wird's auch schön zu Tage kommen,
Daß es Fleiß und Kunst vergilt?
Wenn der Guß mißlang?
Wenn die Form zersprang?
Ach! vielleicht, indem wir hoffen,
Hat uns Unheil schon getroffen.

Dem dunkeln Schoß der heil'gen Erde
Vertrauen wir der Hände Tat,
Vertraut der Sämann seine Saat
Und hofft, daß sie entkeimen werde
Zum Segen, nach des Himmels Rat.
Noch köstlicheren Samen bergen
Wir traurend in der Erde Schoß,

Und hoffen, daß er aus den Särgen
Erblühen soll zu schönerm Los.

Von dem Dome,
Schwer und bang,
Tönt die Glocke
Grabgesang.
Ernst begleiten ihre Trauerschläge
Einen Wandrer auf dem letzten Wege.

Ach! die Gattin ist's, die teure,
Ach! es ist die treue Mutter,
Die der schwarze Fürst der Schatten
Wegführt aus dem Arm des Gatten,
Aus der zarten Kinder Schar,
Die sie blühend ihm gebar,
Die sie an der treuen Brust
Wachsen sah mit Mutterlust –
Ach! des Hauses zarte Bande
Sind gelöst auf immerdar,
Denn sie wohnt im Schattenlande,
Die des Hauses Mutter war,
Denn es fehlt ihr treues Walten,
Ihre Sorge wacht nicht mehr,
An verwaister Stätte schalten
Wird die Fremde, liebeleer.

Bis die Glocke sich verkühlet
Laßt die strenge Arbeit ruhn,

Wie im Laub der Vogel spielet
Mag sich jeder gütlich tun.
Winkt der Sterne Licht,
Ledig aller Pflicht,
Hört der Pursch die Vesper schlagen,
Meister muß sich immer plagen.

Munter fördert seine Schritte
Fern im wilden Forst der Wandrer
Nach der lieben Heimathütte.

Blöckend ziehen heim die Schafe,
Und der Rinder
Breitgestirnte, glatte Scharen
Kommen brüllend,
Die gewohnten Ställe füllend.
Schwer herein
Schwankt der Wagen,
Kornbeladen,
Bunt von Farben
Auf den Garben
Liegt der Kranz,
Und das junge Volk der Schnitter
Fliegt zum Tanz.
Markt und Straße werden stiller,
Um des Licht's gesell'ge Flamme
Sammeln sich die Hausbewohner,
Und das Stadttor schließt sich knarrend.
Schwarz bedecket

Sich die Erde,
Doch den sichern Bürger schrecket
Nicht die Nacht,
Die den Bösen gräßlich wecket,
Denn das Auge des Gesetzes wacht.

Heil'ge Ordnung, segenreiche
Himmelstochter, die das Gleiche
Frei und leicht und freudig bindet,
Die der Städte Bau gegründet,
Die herein von den Gefilden
Rief den ungesell'gen Wilden,
Eintrat in der Menschen Hütten,
Sie gewöhnt zu sanften Sitten,
Und das teuerste der Bande
Wob, den Trieb zum Vaterlande!

Tausend fleiß'ge Hände regen,
Helfen sich in munterm Bund
Und in feurigem Bewegen
Werden alle Kräfte kund.
Meister rührt sich und Geselle
In der Freiheit heil'gem Schutz.
Jeder freut sich seiner Stelle,
Bietet dem Verächter Trutz.
Arbeit ist des Bürgers Zierde,
Segen ist der Mühe Preis,
Ehrt den König seine Würde,
Ehret *uns* der Hände Fleiß.

Holder Friede,
Süße Eintracht,
Weilet, weilet
Freundlich über dieser Stadt!
Möge nie der Tag erscheinen,
Wo des rauhen Krieges Horden
Dieses stille Tal durchtoben,
Wo der Himmel,
Den des Abends sanfte Röte
Lieblich malt,
Von der Dörfer, von der Städte
Wildem Brande schrecklich strahlt!

Nun zerbrecht mir das Gebäude,
Seine Absicht hat's erfüllt,
Daß sich Herz und Auge weide
An dem wohlgelungnen Bild.
Schwingt den Hammer, schwingt,
Bis der Mantel springt,
Wenn die Glock' soll auferstehen,
Muß die Form in Stücken gehen.

Der Meister kann die Form zerbrechen
Mit weiser Hand, zur rechten Zeit,
Doch wehe, wenn in Flammenbächen
Das glühnde Erz sich selbst befreit!
Blindwütend mit des Donners Krachen
Zersprengt es das geborstne Haus,
Und wie aus offnem Höllenrachen

Speit es Verderben zündend aus;
Wo rohe Kräfte sinnlos walten,
Da kann sich kein Gebild gestalten,
Wenn sich die Völker selbst befrein,
Da kann die Wohlfahrt nicht gedeihn.

Weh, wenn sich in dem Schoß der Städte
Der Feuerzunder still gehäuft,
Das Volk, zerreißend seine Kette,
Zur Eigenhilfe schrecklich greift!
Da zerret an der Glocke Strängen
Der Aufruhr, daß sie heulend schallt,
Und nur geweiht zu Friedensklängen
Die Losung anstimmt zur Gewalt.

Freiheit und Gleichheit! hört man schallen,
Der ruh'ge Bürger greift zur Wehr,
Die Straßen füllen sich, die Hallen,
Und Würgerbanden ziehn umher,
Da werden Weiber zu Hyänen
Und treiben mit Entsetzen Scherz,
Noch zuckend, mit des Panthers Zähnen,
Zerreißen sie des Feindes Herz.
Nichts Heiliges ist mehr, es lösen
Sich alle Bande frommer Scheu,
Der Gute räumt den Platz dem Bösen,
Und alle Laster walten frei.
Gefährlich ist's den Leu zu wecken,
Verderblich ist des Tigers Zahn,

Jedoch der schrecklichste der Schrecken
Das ist der Mensch in seinem Wahn.
Weh' denen, die dem Ewigblinden
Des Lichtes Himmelsfackel leihn!
Sie strahlt ihm nicht, sie kann nur zünden
Und äschert Städt' und Länder ein.

Freude hat mir Gott gegeben!
Sehet! wie ein goldner Stern
Aus der Hülse, blank und eben,
Schält sich der metallne Kern.
Von dem Helm zum Kranz
Spielt's wie Sonnenglanz,
Auch des Wappens nette Schilder
Loben den erfahrnen Bilder.

Herein! herein!
Gesellen alle, schließt den Reihen,
Daß wir die Glocke taufend weihen,
Concordia soll ihr Name sein,
Zur Eintracht, zu herzinnigem Vereine
Versammle sie die liebende Gemeine.

Und dies sei fortan ihr Beruf,
Wozu der Meister sie erschuf!
Hoch über'm niedern Erdenleben
Soll sie in blauem Himmelszelt
Die Nachbarin des Donners schweben
Und grenzen an die Sternenwelt,

Soll eine Stimme sein von oben,
Wie der Gestirne helle Schar,
Die ihren Schöpfer wandelnd loben
Und führen das bekränzte Jahr.
Nur ewigen und ernsten Dingen
Sei ihr metallner Mund geweiht,
Und stündlich mit den schnellen Schwingen
Berühr' im Fluge sie die Zeit,
Dem Schicksal leihe sie die Zunge,
Selbst herzlos, ohne Mitgefühl,
Begleite sie mit ihrem Schwunge
Des Lebens wechselvolles Spiel.
Und wie der Klang im Ohr vergehet,
Der mächtig tönend ihr entschallt,
So lehre sie, daß nichts bestehet,
Daß alles Irdische verhallt.

Jetzo mit der Kraft des Stranges
Wiegt die Glock' mir aus der Gruft,
Daß sie in das Reich des Klanges
Steige, in die Himmelsluft.
Ziehet, ziehet, hebt!
Sie bewegt sich, schwebt,
Freude dieser Stadt bedeute,
Friede sei ihr erst Geläute.

Der Graf von Habsburg

Ballade

Zu Aachen in seiner Kaiserpracht,
Im altertümlichen Saale,
Saß König Rudolphs heilige Macht
Beim festlichen Krönungsmahle.
Die Speisen trug der Pfalzgraf des Rheins,
Es schenkte der Böhme des perlenden Weins,
Und alle die Wähler, die Sieben,
Wie der Sterne Chor um die Sonne sich stellt,
Umstanden geschäftig den Herrscher der Welt,
Die Würde des Amtes zu üben.

Und rings erfüllte den hohen Balkon
Das Volk in freudgem Gedränge,
Laut mischte sich in der Posaunen Ton
Das jauchzende Rufen der Menge.
Denn geendigt nach langem verderblichen Streit
War die kaiserlose, die schreckliche Zeit,
Und ein Richter war wieder auf Erden.
Nicht blind mehr waltet der eiserne Speer,
Nicht fürchtet der Schwache, der Friedliche mehr,
Des Mächtigen Beute zu werden.

Und der Kaiser ergreift den goldnen Pokal,
Und spricht mit zufriedenen Blicken:

Wohl glänzet das Fest, wohl pranget das Mahl,
    Mein königlich Herz zu entzücken;
Doch den Sänger vermiß ich, den Bringer der Lust,
Der mit süßem Klang mir bewege die Brust
    Und mit göttlich erhabenen Lehren.
So hab ichs gehalten von Jugend an,
Und was ich als Ritter gepflegt und getan,
    Nicht will ichs als Kaiser entbehren.

Und sieh! in der Fürsten umgebenden Kreis
    Trat der Sänger im langen Talare,
Ihm glänzte die Locke silberweiß
    Gebleicht von der Fülle der Jahre.
»Süßer Wohllaut schläft in der Saiten Gold,
Der Sänger singt von der Minne Sold,
    Er preiset das Höchste, das Beste,
Was das Herz sich wünscht, was der Sinn begehrt,
Doch sage, was ist des Kaisers wert
    An seinem herrlichsten Feste?«

Nicht gebieten werd ich dem Sänger, spricht
    Der Herrscher mit lächelndem Munde,
Er steht in des größeren Herren Pflicht,
    Er gehorcht der gebietenden Stunde:
Wie in den Lüften der Sturmwind saust,
Man weiß nicht, von wannen er kommt und braust,
    Wie der Quell aus verborgenen Tiefen,

So des Sängers Lied aus dem Innern schallt,
Und wecket der dunkeln Gefühle Gewalt,
Die im Herzen wunderbar schliefen.

Und der Sänger rasch in die Saiten fällt
Und beginnt sie mächtig zu schlagen:
»Aufs Waidwerk hinaus ritt ein edler Held,
Den flüchtigen Gemsbock zu jagen.
Ihm folgte der Knapp mit dem Jägergeschoß,
Und als er auf seinem stattlichen Roß
In eine Au kommt geritten,

Ein Glöcklein hört er erklingen fern,
Ein Priester wars mit dem Leib des Herrn,
Voran kam der Meßner geschritten.«

»Und der Graf zur Erde sich neiget hin
Das Haupt mit Demut entblößet,
Zu verehren mit glaubigem Christensinn
Was alle Menschen erlöset.
Ein Bächlein aber rauschte durchs Feld,
Von des Gießbachs reißenden Fluten geschwellt,
Das hemmte der Wanderer Tritte,
Und beiseit' legt jener das Sakrament,
Von den Füßen zieht er die Schuhe behend,
Damit er das Bächlein durchschritte.«

»Was schaffst du? redet der Graf ihn an,
Der ihn verwundert betrachtet.
Herr, ich walle zu einem sterbenden Mann,
Der nach der Himmelskost schmachtet.
Und da ich mich nahe des Baches Steg,
Da hat ihn der strömende Gießbach hinweg
Im Strudel der Wellen gerissen.
Drum daß dem Lechzenden werde sein Heil,
So will ich das Wässerlein jetzt in Eil
Durchwaten mit nackenden Füßen.«

»Da setzt ihn der Graf auf sein ritterlich Pferd,
Und reicht ihm die prächtigen Zäume,
Daß er labe den Kranken, der sein begehrt

Und die heilige Pflicht nicht versäume.
Und er selber auf seines Knappen Tier
Vergnüget noch weiter des Jagens Begier,
Der andre die Reise vollführet,
Und am nächsten Morgen mit dankendem Blick
Da bringt er dem Grafen sein Roß zurück
Bescheiden am Zügel geführet.«

»Nicht wolle das Gott, rief mit Demutssinn
Der Graf, daß zum Streiten und Jagen
Das Roß ich beschritte fürderhin,
Das meinen Schöpfer getragen!
Und magst du's nicht haben zu eignem Gewinst,
So bleib es gewidmet dem göttlichen Dienst,
Denn ich hab es *dem* ja gegeben,
Von dem ich Ehre und irdisches Gut
Zu Lehen trage und Leib und Blut
Und Seele und Atem und Leben.«

»So mög euch Gott, der allmächtige Hort,
Der das Flehen der Schwachen erhöret,
Zu Ehren euch bringen hier und dort
So wie ihr jetzt ihn geehret.
Ihr seid ein mächtiger Graf, bekannt
Durch ritterlich Walten im Schweizerland,
Euch blühn sechs liebliche Töchter.
So mögen sie, rief er begeistert aus,
Sechs Kronen euch bringen in euer Haus
Und glänzen die spätsten Geschlechter!«

Und mit sinnendem Haupt saß der Kaiser da,
　　Als dächt' er vergangener Zeiten,
Jetzt, da er dem Sänger ins Auge sah,
　　Da ergreift ihn der Worte Bedeuten.
Die Züge des Priesters erkennt er schnell,
Und verbirgt der Tränen stürzenden Quell
　　In des Mantels purpurnen Falten.
Und alles blickte den Kaiser an,
Und erkannte den Grafen, der das getan,
　　Und verehrte das göttliche Walten.

An die Freude

Freude, schöner Götterfunken,
    Tochter aus Elisium,
Wir betreten feuertrunken,
    Himmlische, dein Heiligtum.
Deine Zauber binden wieder,
    Was die Mode streng geteilt,
Alle Menschen werden Brüder,
    Wo dein sanfter Flügel weilt.

Chor

Seid umschlungen Millionen!
    Diesen Kuß der ganzen Welt!
    Brüder – überm Sternenzelt
Muß ein lieber Vater wohnen.

Wem der große Wurf gelungen,
Eines Freundes Freund zu sein,
Wer ein holdes Weib errungen,
Mische seinen Jubel ein!
Ja – wer auch nur eine Seele
Sein nennt auf dem Erdenrund!
Und wer's nie gekonnt, der stehle
Weinend sich aus diesem Bund!

Chor

Was den großen Ring bewohnet
Huldige der Simpathie!
Zu den Sternen leitet sie,
Wo der *Unbekannte* thronet.

Freude trinken alle Wesen
An den Brüsten der Natur,
Alle Guten, alle Bösen
Folgen ihrer Rosenspur.
Küsse gab sie *uns* und *Reben*,
Einen Freund, geprüft im Tod,
Wollust ward dem Wurm gegeben,
Und der Cherub steht vor Gott.

Chor

Ihr stürzt nieder, Millionen?
Ahndest du den Schöpfer, Welt?
Such ihn überm Sternenzelt,
Über Sternen muß er wohnen.

Freude heißt die starke Feder
    In der ewigen Natur.
Freude, Freude treibt die Räder
    In der großen Weltenuhr.
Blumen lockt sie aus den Keimen,
    Sonnen aus dem Firmament,
Sphären rollt sie in den Räumen,
    Die des Sehers Rohr nicht kennt.

Chor

Froh, wie seine Sonnen fliegen,
    Durch des Himmels prächt'gen Plan,
    Laufet Brüder eure Bahn,
Freudig wie ein Held zum siegen.

Aus der Wahrheit Feuerspiegel
    Lächelt *sie* den Forscher an.
Zu der Tugend steilem Hügel
    Leitet *sie* des Dulders Bahn.
Auf des Glaubens Sonnenberge
    Sieht man *ihre* Fahnen wehn,
Durch den Riß gesprengter Särge
    Sie im Chor der Engel stehn.

Chor

Duldet mutig Millionen!
    Duldet für die bess're Welt!
    Droben überm Sternenzelt
Wird ein großer Gott belohnen.

Göttern kann man nicht vergelten,
Schön ist's ihnen gleich zu sein.
Gram und Armut soll sich melden,
Mit den Frohen sich erfreun.
Groll und Rache sei vergessen,
Unserm Todfeind sei verziehn.
Keine Träne soll ihn pressen,
Keine Reue nage ihn.

Chor

Unser Schuldbuch sei vernichtet!
Ausgesöhnt die ganze Welt!
Brüder – überm Sternenzelt
Richtet Gott, wie wir gerichtet.

Freude sprudelt in Pokalen,
In der Traube gold'nem Blut
Trinken Sanftmut Kannibalen,
Die Verzweiflung Heldenmut – –
Brüder fliegt von euren Sitzen,
Wenn der volle Römer kreist,
Laßt den Schaum zum Himmel spritzen:
Dieses Glas dem guten Geist!

Chor

Den der Sterne Wirbel loben,
Den des Seraphs Hymne preist,
Dieses Glas dem guten Geist,
Überm Sternenzelt dort oben!

Festen Mut in schwerem Leiden,
Hülfe, wo die Unschuld weint,
Ewigkeit geschwor'nen Eiden,
Wahrheit gegen Freund und Feind,
Männerstolz vor Königsthronen, –
Brüder, gält es Gut und Blut –
Dem Verdienste seine Kronen,
Untergang der Lügenbrut.

Chor

Schließt den heil'gen Zirkel dichter,
Schwört bei diesem gold'nen Wein:
Dem Gelübde treu zu sein,
Schwört es bei dem Sternenrichter!

Inhalt

Die Textgestalt folgt der Ausgabe Friedrich Schiller, Sämtliche Gedichte und Balladen, herausgegeben von Georg Kurscheidt, Insel Verlag Frankfurt am Main und Leipzig 2004, die Auswahl besorgte Paula Schmid.

Erste Auflage 2024. Bezugspapier: Antje Damm. Gesetzt in der Schrift Kepler Std. Gedruckt auf holzfreies, alterungsbeständiges Werkdruckpapier der Firma LENK Paper Schleipen GmbH, Bad Dürkheim, von der Memminger MedienCentrum AG, Memmingen. Gebunden in Fadenheftung von der Conzella Verlagsbuchbinderei GmbH & Co. KG, Aschheim-Dornach. Dieses Buch wurde klimaneutral produziert: climatepartner.com/14438-2110-1001. Printed in Germany.
ISBN 978-3-458-19541-2. www.insel-verlag.de